MedR Schriftenreihe Medizinrecht

Gunther Schwerdtfeger

Weiterbildungsnormen der Ärztekammern auf dem rechtlichen Prüfstand

Herausgegeben von Maximilian G. Broglie

Springer-Verlag Berlin Heidelberg New York
London Paris Tokyo Hong Kong

Autor:
Dr. iur. Gunther Schwerdtfeger
Universitätsprofessor für Öffentliches Recht
und Recht der Sozialen Sicherung
Universität Hannover, D-3000 Hannover 1

Herausgeber:
Rechtsanwalt Maximilian G. Broglie
Geschäftsführung BDI e.V.
Schöne Aussicht 5, D-6200 Wiesbaden

Fortführung der Reihe „RECHT und MEDIZIN"

ISBN 978-3-540-50880-9 ISBN 978-3-642-52310-6 (eBook)
DOI 10.1007/978-3-642-52310-6

CIP-Titelaufnahme der Deutschen Bibliothek
Schwerdtfeger, Gunther:
Weiterbildungsnormen der Ärztekammern auf dem rechtlichen Prüfstand / Gunther Schwerdtfeger. Hrsg. von Maximilian G. Broglie. – Berlin; Heidelberg; New York; London; Paris; Tokyo; Hong Kong: Springer, 1989
(MedR, Schriftenreihe Medizinrecht)
ISBN 978-3-540-50880-9

Satz: Elsner & Behrens GmbH, Oftersheim

2119/3140-543210

Inhaltsverzeichnis

Einführung

Mit Beschluß vom 15. 4. 1988 hat der Vorstand der Bundesärztekammer nach Beratung in der „Ständigen Konferenz Weiterbildung" (neue) „Richtlinien über den Inhalt der Weiterbildung in Gebieten, Teilgebieten und Bereichen" beschlossen. In diesen Richtlinien werden für bestimmte Untersuchungsmethoden der Inneren Medizin Mindestuntersuchungszahlen festgeschrieben. Nachfolgend wird untersucht, ob es rechtmäßig ist, wenn die Landesärztekammern die Richtlinien insoweit für ihren Bereich in Kraft setzen.
Nach den Heilberufsgesetzen/Kammergesetzen/Ärztekammergesetzen der Länder obliegt das Weiterbildungswesen (Weiterbildung zum Gebietsarzt/„Facharzt") den Ärztekammern. Vor allem wegen des „Facharztbeschlusses" des Bundesverfassungsgerichts vom 09. 5. 1972 (BVerfGE 33, 125) enthalten die Heilberufsgesetze/Kammergesetze/Ärztekammergesetze gewisse rechtliche Vorgaben, welche von Gesetz zu Gesetz so gut wie identisch sind.

Näheres zu diesen Vorgaben nachfolgend im 1. Teil der Arbeit. Zusammenstellung der einschlägigen Landesgesetze bei Helmut Narr, Ärztliches Berufsrecht, 2. Aufl., Stand: Januar 1988, Rn 308.

[Nachfolgend wird das Niedersächsische Kammergesetz für die Heilberufe (NHKG) in der Fassung vom 30. 5. 1980 (GVBl. S. 193) zitiert.]
Im Rahmen ihrer Vorgaben ermächtigen die Landesgesetze die Ärztekammern, Weiterbildungsordnungen als Satzungen zu erlassen (§ 43 NHKG). Satzungsgeber ist die Kammerversammlung/Vertreterversammlung, das von den kammerangehörigen Ärzten gewählte demokratische Organ der Ärztekammer (§ 24 I Nr. 1 NHKG).
Die Ärztekammern haben sich zur „Bundesärztekammer (Arbeitsgemeinschaft der westdeutschen Ärztekammern)" zusammengeschlossen. Aufgabe der Bundesärztekammer ist u. a., „auf eine möglichst einheitliche Regelung der ärztlichen Berufspflichten und der Grundsätze für die ärztliche Tätigkeit auf allen Gebieten hinzuwirken".

So § 2 II der Satzung der Bundesärztekammer in der vom Deutschen Ärztetag 1985 beschlossenen Fassung.

Die Bundesärztekammer ist ein nichtrechtsfähiger Verein des Bürgerlichen Rechts (BVerfGE 33, 125 (129)). Organe der Bundesärztekammer sind die „Hauptversammlung (Deutscher Ärztetag)" und der „Vorstand". Als Versammlung von Delegierten der Ärztekammern entspricht die „Hauptversammlung (Deutscher Ärztetag)" der Kammerversammlung/Vertreterversammlung der Ärztekammern. Der „Vorstand" der Bundesärztekammer steht in Parallele zum Vorstand der Ärztekammern.

Der 90. Deutsche Ärztetag 1987 hat eine (neue) „Musterweiterbildungsordnung" beschlossen. Es ist zu erwarten, daß die Kammerversammlungen/Vertreterversammlungen der einzelnen Ärztekammern die (für sie unverbindliche) Musterweiterbildungsordnung im wesentlichen in ihr Satzungsrecht übernehmen und also die bisher gültigen Weiterbildungsordnungen entsprechend ändern werden. Demgemäß wird nachfolgend unterstellt, die Weiterbildungsordnungen der Kammer seien mit der Musterweiterbildungsordnung 1987 (schon) identisch.
Für die Innere Medizin bestimmt Anlage I Nr. 10 der Musterweiterbildungsordnung 1987:

Definition:
Die Innere Medizin umfaßt Prophylaxe, Erkennung, konservative und intensivmedizinische Behandlung sowie Rehabilitation der Erkrankung der Atmungsorgane, des Herzens und Kreislaufs, der Verdauungsorgane, der Nieren und ableitenden Harnwege, des Blutes und der blutbildenden Organe, des Stoffwechsels und der inneren Sekretion, der internen allergischen und immunologischen Erkrankungen, der internen Erkrankungen des Stütz- und Bewegungsapparates, der Infektionskrankheiten, der Vergiftungen, einschließlich der für das höhere Lebensalter typischen Erkrankungen.

Weiterbildungszeit:
6 Jahre an einer Weiterbildungsstätte gemäß § 6, Abs. 1, davon mindestens 4 Jahre im Stationsdienst.
In dieser Zeit müssen 6 Monate Weiterbildung in der Intensivmedizin enthalten sein.
Angerechnet werden können 12 Monate Weiterbildung entweder in Kinderheilkunde oder Neurologie oder Psychiatrie oder Pathologie, in der Physiologie oder internistischen Röntgendiagnostik, bzw. 6 Monate in Anästhesiologie oder Arbeitsmedizin oder Haut- und Geschlechtskrankheiten oder Immunologie oder Medizinische Chemie oder Mikrobiologie oder Nuklearmedizin oder Pharmakologie und Toxikologie. Die Anrechnungsfähigkeit entfällt, wenn insgesamt zwei Jahre der Weiterbildung in Teilgebieten der Inneren Medizin abgeleistet werden. Dies gilt nicht für die internistische Röntgendiagnostik.

Inhalt und Ziel der Weiterbildung:
Vermittlung, Erwerb und Nachweis eingehender Kenntnisse und Erfahrungen in der Ätiologie, Pathogenese, Pathophysiologie, Symptomatologie, der Diagnostik, Differentialdiagnostik und Therapie interner, nichtinfektiöser, infektiöser, toxischer, neoplastischer (onkologischer), allergischer, immunologischer und degenerativer Erkrankungen, der gebietsbezogenen Laboratioriumsdiagnostik, der Sonographie, der Endoskopie und der Deutung von Röntgenbildern des Gebietes.

Vermittlung und Erwerb von Kenntnissen in der Diagnostik mit radioaktiven Substanzen, der Diagnostik und Therapie von Erkrankungen des Nervensystems, der Psychosomatik, der Humangenetik und Allergologie.

Die „Definition" legt den „Inhalt und Umfang" des *Gebietes* der Inneren Medizin fest, auf welches sich die Weiterbildung (als „Facharztausbildung") *bezieht.* Im Zentrum der nachfolgenden Ausführungen stehen vor allem die Festlegungen der Musterweiterbildungsordnung zu „Inhalt und Ziel der Weiter*bildung*" als Ausbildungs*gang.*
Obgleich das weder in den Heilberufsgesetzen/Kammergesetzen/Ärztekammergesetzen der Länder noch in den Weiterbildungsordnungen (Satzungen) der Ärztekammern ausdrücklich vorgesehen ist, haben die *Vorstände* der Ärztekammern „Richtlinien über den Inhalt der Weiterbildung" erlassen. (Auch) diese Richtlinien gehen auf (Muster)richtlinien der Bundesärztekammer zurück. Wie auf der Ebene der Ärztekammern die Richtlinien werden die Musterrichtlinien vom *Vorstand* der Bundesärztekammer verabschiedet. Die Musterrichtlinien über den Inhalt der Weiterbildung in Gebieten, Teilgebieten und Bereichen, welche der Vorstand der Bundesärztekammer

am 15.4.1988 beschlossen hat, sind wesentlich detaillierter gefaßt als die bisher geltenden Richtlinien. Für die Weiterbildung im Gebiet der „Inneren Medizin" bestimmen die neuen Musterrichtlinien:

Inhalt der Weiterbildung

1. Vermittlung, Erwerb und Nachweis eingehender Kenntnisse und Erfahrungen

 1.1 in der Ätiologie, Pathogenese und Pathophysiologie der nichtinfektiösen, infektiösen, toxischen und neoplastischen (onkologischen) sowie der allergischen, immunologischen, metabolischen und degenerativen Erkrankungen
 - des Herzens
 - des Kreislaufsystems
 - der Atmungsorgane
 - der Verdauungsorgane
 - des Stoffwechsels
 - der inneren Sekretion
 - der Nieren und ableitenden Harnwege
 - des Bewegungsapparates und Skelettsystems
 - des Blutes, der blutbildenden Organe und des Lymphsystems
 - des zentralen und peripheren Nervensystems, soweit sie mit Krankheitsbildern der Inneren Medizin zusammenhängen

 1.2 in Diagnostik, Differentialdiagnostik, Therapie, Früherkennung und Rehabilitation dieser Erkrankungen, auch unter Berücksichtigung der Besonderheiten in verschiedenen Altersstufen einschließlich der Erkennung und Bewertung psychosomatischer und psychosozialer Zusammenhänge. Dies beinhaltet die Kenntnis der Aussagemöglichkeiten der jeweiligen Verfahren einschließlich ihrer Grenzen und Fehlermöglichkeiten. Soweit es sich um Laboratoriums-, EKG- und sonographische Untersuchungen handelt, gehören dazu angemessene Kenntnisse über Methoden und Geräte;
 dazu gehören:
 1.2.1 die Beurteilung von Röntgenbildern der inneren Organe, der Gefäße sowie des Skelettsystems bei internen Erkrankungen, einschließlich der regelmäßigen Teilnahme an Röntgendemonstrationen während der gesamten Weiterbildungszeit. Während der Weiterbildungszeit sollte die Möglichkeit zu einer mindestens dreimonatigen Tätigkeit in einer Röntgenabteilung gegeben werden.
 1.2.2 EKG, auch mit definierter Belastung (selbständige Auswertung von mindestens 1000 Elektrokardiogrammen, davon mindestens 100 mit definierter Belastung), Langzeit-EKG (selbständige

Auswertung von mindestens 120 EKG bei Patienten mit Rhythmusstörung),
Schrittmacherkontrolluntersuchungen

1.2.3 Lungenfunktionsdiagnostik

1.2.4 selbständige Durchführung und Bewertung gebietsbezogener Laboratoriumsuntersuchungen einschließlich der Qualitätssicherung;
- Urinstatus und einfache Stuhluntersuchungen
- Blutstatus mit Differenzierung der Leukozyten sowie Thrombozytenzählung
- Liquoruntersuchung
- Bestimmung des Säure-Basenhaushaltes
- Bestimmung der Serumelektrolyte
- Blutgasanalyse
- Blutgruppenbestimmung und Kreuzprobe
- einfache Gerinnungsuntersuchungen (z. B. PTT, PTZ)
- photometrische und/oder reflektometrische Bestimmung von Substraten und Enzymen, sowie Elektrophoreseverfahren
- einfache bakteriologische Untersuchungsverfahren mittels Färbung und Mikroskopie auch auf vorgefertigten Trägern

1.2.5 endoskopische Untersuchungen;
selbständige Durchführung und Befundung von mindestens 100 Ösophago-Gastro-Duodenoskopien, 175 Prokto-, Rekto-, Sigmoido-, Koloskopien, davon mindestens 45 Koloskopien

1.2.6 Punktionstechniken;
- Blase
- Pleurahöhle
- Bauchhöhle
- Liquorraum
- Leber
- Knochenmark einschließlich Knochenstanzen

1.2.7 Ultraschalluntersuchungen innerer Organe während der gesamten Weiterbildungszeit;
dazu gehören:
selbständige Untersuchung und Beurteilung von mindestens 450 Patienten einschließlich der Dokumentation der sonographischen Untersuchungen des Abdomens (mindestens 300), des Herzens (mindestens 100), der Schilddrüse (mindestens 50), einschließlich ultraschallgesteuerter Feinnadelbiopsien.
Von der Gesamtzahl sonographischer Untersuchungen muß in den einzelnen Teilbereichen jeweils mindestens ein Drittel pathologische Befunde enthalten sein. Ferner wird die Teilnahme an von der Ärztekammer anerkannten Ultraschallkursen empfohlen, in denen Indikationsbereich, Technik, Korrektur und Verbesserung der Untersuchungsergebnisse vermittelt sowie praktische Übungen durchgeführt werden

1.2.8 angiologische Untersuchungsverfahren;
dazu gehören:
Oszillographie, die Auswertung radiologischer Verfahren und die selbständige Untersuchung und Beurteilung mit Ultraschalldopplermethoden von hirnversorgenden (200 Untersuchungen) und peripheren Gefäßen (mindestens je 100 an Arterien und Venen)

1.2.9 Wertung und Einordnung histologischer, zytologischer, bakteriologischer, virologischer und serologischer Befunde in die Diagnostik des Gebietes

1.3 in der medikamentösen, diätetischen, physikalischen und psychosomatischen Behandlung dieser Erkrankungen einschließlich der Notfalltherapie und in der allgemeinen und speziellen Nachsorge (Rehabilitation);
dazu gehören:

1.3.1 Pharmakologie und Pharmakokinetik, Wechselwirkungen, Nebenwirkungen und deren Kontrolle bezogen auf die wichtigsten Medikamente (einschließlich der Zytostatika und Kontrastmittel), ihr therapeutischer Nutzen einschließlich Kosten-Nutzen-Relation, Risiken des Arzneimittelmißbrauchs und die gesetzlichen Auflagen bei der Arzneimittelverschreibung, Arzneimittelprüfung sowie die hierbei zu beachtenden ethischen Grundsätze

1.3.2 Diätetische Behandlungsverfahren, ihre rationale Begründung einschließlich der notwendigen Schulung von Patienten und Mitarbeitern

1.3.3 Möglichkeiten und Grenzen physikalischer und balneologischer Behandlungsverfahren, ihre Indikationen und Kontraindikationen

1.3.4 Behandlung von Stoffwechselentgleisungen sowie exogenen akuten und chronischen Intoxikationen

1.3.5 Therapie vital bedrohlicher Zustände, die Aufrechterhaltung und Wiederherstellung bedrohter Vitalfunktionen mit den Methoden der Notfall- und Intensivmedizin. Hierzu gehören auch Intubation und Beatmung, Schockbehandlung, Schaffung zentraler Zugänge, Defibrillation, Schrittmacherbehandlung

1.3.6 Infusions- und Transfusionstherapie

1.3.7 spezielle internistisch-onkologische Behandlungsverfahren (z. B. mit Zytostatika, Immuntherapeutika) und ihre Überwachung im Rahmen des Gebietes

1.3.8 Einleitung, Durchführung und Überwachung von Rehabilitation und Nachsorge (z. B. Koronargruppen)

1.3.9 Indikationsstellung zur operativen Therapie, zur Strahlentherapie und Dialysetherapie

1.4 Vorsorge und Früherkennung interner Krankheiten und ihrer Epidemiologie

1.5 Dokumentation von Befunden, ärztliches Berichtswesen, einschlägige Bestimmungen der Sozialgesetzgebung (RVO, Krankenkassenverträge, Rentenversicherung, Unfallversicherung, Mutterschutzgesetz, Jugend- und Arbeitsschutzgesetz u. a.) und für die Arzt-Patienten-Beziehung wichtige Rechtsnormen
1.6 Seuchengesetzgebung, gesetzliche Bestimmungen für die Patienteneinweisung in geschlossene Anstalten
1.7 die Begutachtung der zum Gebiet gehörenden Gesundheitsstörungen. Dazu gehört die Anfertigung von mindestens 10 ausführlich begründeten Gutachten

Sofern eine einjährige Weiterbildung in internistischer Röntgendiagnostik nachgewiesen wird, müssen zusätzlich zu den Anforderungen nach 1.2.1 Satz 1, eingehende Kenntnisse und Erfahrungen in der Aufnahmetechnik und Durchleuchtung der Brustorgane, des Magen-Darm-Traktes, des gallen- und uropoetischen Systems sowie des Skelettes bei internen Erkrankungen, einschließlich des Strahlenschutzes, erworben werden, wozu auch die Teilnahme an anerkannten Strahlenschutzkursen gehört. Hierüber wird eine gesonderte Bescheinigung ausgestellt.

2. Vermittlung und Erwerb von Kenntnissen

2.1 in speziellen diagnostischen und therapeutischen Verfahren der Teilgebiete der Inneren Medizin
2.2 über spezielle diagnostische Verfahren der Laboratoriumsmedizin und der Nuklearmedizin
2.3 über die pathologisch-anatomischen Grundlagen interner Krankheiten. Dies erfordert die regelmäßige Teilnahme an pathologisch-anatomischen Demonstrationen und klinisch-pathologischen Kolloquien während der gesamten Weiterbildungszeit
2.4 in der Diagnostik und Therapie von Erkrankungen des Nervensystems, sowie über die Zusammenhänge von Erkrankungen des Gebietes mit psychiatrischen Krankheitsbildern, insbesondere beim alten Menschen
2.5 in Psychosomatik und psychotherapeutischen Verfahren (z. B. autogenes Training, Balint-Gruppe, Gesprächstherapie, Beschäftigungstherapie)
2.6 in der Arbeits- und Sozialmedizin
2.7 in der Humangenetik
2.8 in der Betreuung Suchtkranker
2.9 in der Gesundheitsberatung und Gesundheitserziehung
2.10 technischer Hilfen bei Behinderungen
2.11 allergologischer Untersuchungsverfahren;
dazu gehören:
Haut- und Provokationsteste, in-vitro-Teste, Karenz- und Expositionsteste

Inhaltlich gesehen ergänzen diese Richtlinien die Musterweiterbildungsordnung in 3facher Weise:

(1) Die Richtlinien *untergliedern* den Inhalt der Weiterbildung, wie er sich aus dem Wortlaut der Weiterbildungsordnung ergibt. Insoweit sind die Richtlinien rechtlich unproblematisch.

(2) Die Richtlinien *substantiieren,* was - nach Ansicht der Bundesärztekammer - im einzelnen zu den Kenntnissen und Erfahrungen gehört, welche die Musterweiterbildungsordnung nur generalklauselartig benennt. So benennen die Richtlinien (1.2.1ff.) Verfahren der Diagnose, welche in der Weiterbildung vermittelt, erworben und nachgewiesen werden müssen. Mit der „gebietsbezogenen Laboratoriumsdiagnostik, der Sonographie, der Endoskopie und der Deutung von Röntgenbildern des Gebietes" sind diese Diagnoseverfahren in der Musterweiterbildungsordnung selbst nur teilweise ausdrücklich genannt. Indem die Richtlinie Diagnoseverfahren aufzählt, vermittelt sie ihnen für die Weiterbildung eine Priorität gegenüber Diagnoseverfahren, welche in der Richtlinie nicht ausdrücklich benannt werden.

(3) Für die Chirurgie hatten die Richtlinien über den Inhalt der Weiterbildung schon bisher *Mindestzahlen* der verschiedensten Operationen aufgeführt, welche der Weiterzubildende selbständig durchzuführen hatte. Nach diesem Vorbild führen die neuen Richtlinien Mindestzahlen nunmehr auch für bestimmte „technische" Diagnoseverfahren der Inneren Medizin ein, nämlich in Nrn. 1.2.2 (EKG), 1.2.5 (endoskopische Untersuchungen innerer Organe), 1.2.7 (Ultraschalluntersuchungen innerer Organe), 1.2.8 (bestimmte angiologische Untersuchungsverfahren).

Die nachfolgenden Untersuchungen konzentrieren sich auf die Festlegung von Mindestuntersuchungszahlen für die Innere Medizin.
Gegen die Festlegung von Mindestuntersuchungszahlen machen der Berufsverband Deutscher Internisten und die Deutsche Gesellschaft für Innere Medizin rechtliche und sachliche Bedenken geltend (vorgetragen etwa in Schreiben des Berufsverbandes vom 28.9.1987, 11.4.1988 und der Deutschen Gesellschaft vom 13.4.1988; Zusammenfassung in der Zeitung *Die Neue Ärztliche* vom 23.8.1988):

- Die genannten Verbände halten die Vorstände der Ärztekammern kompetenzrechtlich nicht für befugt, die Mindestuntersuchungszahlen in ihre Richtlinien über den Inhalt der Weiterbildung und damit in das interne Kammerrecht zu übernehmen.
- Die Verbände halten es für sachlich verfehlt, überhaupt exakte Mindestzahlen festzulegen. Hier werde Quantität mit Qualität verwechselt. Nicht nur die Zahl der durchgeführten Untersuchungen, sondern auch die manuelle Geschicklichkeit und die individuelle Fähigkeit bestimmten, ob ein Untersucher mit einer Untersuchungsmethode vertraut sei oder nicht. Daher komme es auf die individuelle Beurteilung durch den weiterbildenden Arzt an. Für dessen Urteil gebe die Weiterbildungsordnung selbst einen hinreichenden Maßstab, in dem sie „eingehende Kenntnisse und Erfahrungen" zu den einschlägigen Untersuchungsmethoden vorschreibe. Außerdem könne der wissenschaftlichen Entwicklung in der Weiterbildung nicht mehr hinreichend flexibel Rechnung getragen werden, wenn Mindestuntersuchungszahlen festgeschrieben würden.

- Die Verbände tragen vor, die Mindestuntersuchungszahlen schössen in ihrer Höhe sachlich über das Ziel hinaus, seien nämlich, fachlich gesehen, zu hoch angesetzt.
- Die Verbände weisen darauf hin, daß in den Weiterbildungsstätten medizinisch indizierte Untersuchungen einschlägigerer Art nicht in hinreichender Zahl anfielen. Daher könne der Weiterzubildende die Mindestzahl der Untersuchungen in seiner 6jährigen Weiterbildungszeit nicht in vollem Umfang durchführen. Eine erhebliche Verlängerung der Weiterbildungszeiten sei die Folge.

Das wird plastisch aus folgender Stellungnahme des Vorsitzenden der Sektion Gastroenterologie Prof. Dr. J. F. Riemann (der BÄK mitgeteilt mit Schreiben des Berufsverbandes Deutscher Internisten vom 28. 9. 1987):

Die für den Allgemeininternisten in Abs. 1.2.5 des Inhalts der Weiterbildung geforderten Zahlen für die selbständige Durchführung endoskopischer Untersuchungen sind irreal. Es ist praktisch nicht durchführbar, daß jeder angehende Internist 100 Ösophagogastroduodenoskopien und 75 Koloskopien selbständig durchgeführt hat, bevor er die Qualifikation zum Internisten erhält. Diese selbständige Untersuchungszahl bedingt, daß eine entsprechend lange und qualifizierte Einarbeitung und Vorbereitung vorausgeht. Nach Gesprächen im Rahmen der Deutschen Gesellschaft für Verdauungs- und Stoffwechselkrankheiten in Salzburg hat sich übereinstimmend gezeigt, daß die Zahl nicht einmal in Krankenhäusern der Maximalversorgung zu erreichen ist. Dies gilt auch für meine Klinik; für mich ist dieser Punkt bei der vorhandenen Assistentenzahl undurchführbar. Dies muß auch unter dem Gesichtspunkt gesehen werden, daß aus der Zahl sich ein Anspruch der Kollegen auf entsprechende Untersuchungsziffern zwanglos ableiten läßt.

- Die Verbände weisen auf die Gefahr hin, daß die zu hoch angesetzen Zahlen zu rechtswidrigen Gefälligkeitsbescheinigungen oder zu unindizierten Untersuchungen führen könnten, welche vor allem bei der (schmerzhaften) Endoskopie gesundheitspolitisch und strafrechtlich mißbilligt seien und bei den Krankenkassen unnötige Kosten verursachten.
- Die Verbände bemängeln, daß der „Ständige Ausschuß Weiterbildung" der Bundesärztekammer bei der Vorbereitung des Vorstandsbeschlusses und dann der Vorstand der Bundesärztekammer selbst den Einwänden der kompetenten Fachverbände keine gehörige Beachtung geschenkt und ohne weiteres ihre Linie durchgezogen hätten.

Die Bedenken der Verbände der Internisten werden weitgehend etwa von den Weiterbildungsausschüssen der Ärztekammer Berlin geteilt.

Das kommt z. B. in einem Brief dieser Ärztekammer an den Vorsitzenden der „Ständigen Konferenz Weiterbildung" der Bundesärztekammer Prof. Dr. Sewering vom 16. 2. 1988 zum Ausdruck.

Auch diesen (und anderen) Einwänden der Ärztekammer Berlin haben die Gremien der Bundesärztekammer keine Rechnung getragen.
In gleichlautenden Briefen an den Berufsverband Deutscher Internisten und an die Deutsche Gesellschaft für Innere Medizin vom 26. 4. 1988 hat der Präsident der Bundesärztekammer Dr. Vilmar wie folgt Stellung genommen:

Sehr geehrte Damen und Herren Kollegen,
die Schreiben des Berufsverbandes Deutscher Internisten vom 11. April 1988 und der Deutschen Gesellschaft für Innere Medizin vom 13. April 1988 lagen dem Vorstand der Bundesärztekammer in seiner Sitzung am 15. April 1988 ebenso vor wie ein von Herrn Professor Lasch/Gießen als Sprecher

der Ordinarienkonferenz an mich gerichtetes Telegramm. Der Vorsitzende des Ausschusses und der Ständigen Konferenz „Ärztliche Weiterbildung" der Bundesärztekammer, Herr Professor Dr. Dr. h. c. Sewering, hat darüber hinaus den Vorstand in seiner mündlichen Berichterstattung über ihre Einwände unterrichtet, wie sie auch bei einem Gespräch mit ihm in München am 21. März 1988 vorgetragen worden sind. Nach eingehender Beratung sah sich der Vorstand der Bundesärztekammer nicht in der Lage, Ihren Einwänden Rechnung zu tragen.
Die Ärztekammern der Bundesrepublik Deutschland einschl. Berlin (West), denen aufgrund landesgesetzlicher Bestimmungen Bearbeitung und Durchführung der Weiterbildungsordnung übertragen ist, haben damit gegenüber der Bevölkerung unseres Landes eine außerordentlich große Verantwortung übernommen. Sie müssen gewährleisten, daß Ärzte, welche eine Gebietsbezeichnung führen, in ihrem Gebiet hervorragend weitergebildet und damit in der Lage sind, die zu diesem Gebiet gehörenden Leistungen fachlich einwandfrei zu erbringen.
Für die operativen Fächer war es deshalb schon seit eh und je üblich, in den Richtlinien über den Inhalt der Weiterbildung in Gebieten, Teilgebieten und Bereichen festzulegen, welche und wieviel operative Eingriffe nachgewiesen werden müssen. Die dem Gebiet der Inneren Medizin zugehörige Endoskopie und Sonographie wurden, wie Sie wissen, erst jetzt in den Richtlinien verankert. Es handelt sich hier ohne Zweifel um Leistungen, bei denen nicht nur die manuelle Übung in der Anwendung der Methode - Endoskopie - sondern auch die Beurteilung des Gesehenen nur bei einer genügend großen Zahl durchgeführter Untersuchungen angenommen werden kann. Die Weiterbildungsgremien der Bundesärztekammer sahen sich deshalb genötigt, auch für diese Untersuchungen im Gebiet der Inneren Medizin Mindestanforderungen zahlenmäßig festzulegen.
Ihre Vertreter haben insbesondere bei dem Gespräch am 21. März 1988 bei Herrn Sewering erklärt, die angegebenen Zahlen seien irreal und könnten in der normalen Weiterbildungszeit nicht erreicht werden. Sie forderten deshalb die Streichung aller zahlenmäßig festgelegten Anforderungen. Herr Sewering hat Sie darauf hingewiesen, daß dieser Forderung nicht gefolgt werden könne. Es bliebe ja sonst dem persönlichen Eindruck und Ermessen eines jeden Weiterbilders überlassen, wann ein bei ihm weitergebildeter Arzt die einschlägige Methode ausreichend beherrscht. Eine solche individuelle Beurteilung entzieht sich jedoch jeder Überprüfung, sie ist deshalb für die aufgrund gesetzlicher Bestimmungen dafür verantwortlichen Ärztekammern nicht vertretbar. Es muß ja davon ausgegangen werden, daß nach der uns gegenüber vorgetragenen Argumentation die Zahlen jeweils mehr oder weniger deutlich unter den Richtzahlen liegen würden, die in den Richtlinien enthalten sind.

Herr Sewering hat Sie eindringlich darauf hingewiesen, daß die in der Weiterbildungsordnung vorgesehenen Weiterbildungszeiten ausdrücklich Mindestzeiten sind. Wenn die Anforderungen der Richtlinien über den Inhalt der Weiterbildung in Gebieten, Teilgebieten und Bereichen in diesen Mindestzeiten nicht erfüllt werden können, so verlängert sich zwangsläufig die Weiterbildungszeit.

Es bliebe auch noch die andere Möglichkeit, pro Zeiteinheit weniger Ärztinnen und Ärzten den Abschluß der Weiterbildung zu bescheinigen und auf diese Weise zu gewährleisten, daß die Anforderungen erfüllt werden. Sollte dies alles jedoch nicht möglich sein, so müßte ernsthaft erwogen werden, die vor allem strittige Endoskopie aus der Regelweiterbildung herauszunehmen und dafür Sonderanforderungen festzulegen. Dies würde bedeuten, daß die Urkunde, welche den Arzt berechtigt, die Gebietsbezeichnung „Internist" zu führen, die Berechtigung zur Durchführung endoskopischer Untersuchungen - jedenfalls gegenüber den Kassenärztlichen Vereinigungen - nicht mehr automatisch beinhalten würde. Es müßte eine ergänzende Prüfung verlangt und dann eine ergänzende Bescheinigung ausgestellt werden.
Leider haben Sie zu diesen Ausführungen im besagten Gespräch mit Herrn Sewering in Ihrem Schreiben nicht mehr Stellung genommen, sondern lediglich gegen die Zahlen protestiert und „rechtliche" bzw. „weitere" Schritte angekündigt. In voller Übereinstimmung mit Herrn Sewering darf ich Ihnen erklären, daß von unserer Seite selbstverständlich weiterhin die Bereitschaft besteht, Grundsatzfragen der ärztlichen Weiterbildung und ihre Ergebnisse mit Ihnen zu diskutieren. Sollten sich daraus Konsequenzen ergeben, die zu einer Änderung der Weiterbildung in der Inneren Medizin führen, so könnte dies für die Zukunft berücksichtigt werden. Eine Reduzierung der Anforderungen für die Regelweiterbildung des Internisten gehört allerdings nicht zu den Perspektiven solcher Gespräche. Es müßte dann die Einengung des Gebietes erörtert werden.

Auf diese Ausführungen hat sich die Bundesärztekammer auch gegenüber der Ärztekammer Berlin bezogen.
Die Arbeit kommt zu dem Ergebnis (s. 57ff.), daß die Ärztekammern rechtswidrig handeln würden, wenn sie die Mindestuntersuchungszahlen aus den Musterrichtlinien des Vorstandes der Bundesärztekammer in ihr Kammerrecht übernehmen würden. Die Ärztekammern haben diese Übernahme zu unterlassen.

1. Teil
Die gesetzlichen Vorgaben für die Ausgestaltung der Weiterbildung durch die Ärztekammern

I. Gegenstände der Weiterbildung

Nach den Heilberufsgesetzen/Kammergesetzen/Ärztekammergesetzen der Länder haben die Ärztekammern einerseits die Aufgabe, den „Inhalt und den Umfang der Gebiete" in ihrer Weiterbildungsordnung zu regeln (§ 43 II Nr. 1 NHKG). Das geschieht in den Gebiets*definitionen* der Weiterbildungsordnung,

s. etwa BVerfG (Vorprüfungsausschuß), MedR 1984, 190; BSGE 28, 73 (79); 41, 269 (274); Narr, Ärztliches Berufsrecht, Rn. 407, 408,

für das Gebiet der Inneren Medizin also in Nr. 10, der Anlage zur (Muster)weiterbildungsordnung (vorne S. 2). Über die Gebietsdefinition wird das Tätigkeitsfeld des Gebietsarztes nach außen hin begrenzt. Denn „wer eine Gebietsbezeichnung führt, darf grundsätzlich nur in dem Gebiet ... tätig werden, dessen Bezeichnung er führt" (§ 42 I NHKG). Ein Gebietsarzt, welcher sich an diese Beschränkung nicht hält, riskiert ein berufsgerichtliches Verfahren.

Beispiel bei Till, MedR 1985, 267.

Außerdem sind gebietsfremde Leistungen nach den Honorarverteilungsmaßstäben der Kassenärztlichen Vereinigungen – von Ausnahmefällen abgesehen – nicht abrechnungsfähig.

Siehe etwa § 4 III des Honorarverteilungsmaßstabes der Kassenärztlichen Vereinigung Hamburg, § 7 II des Honorarverteilungsmaßstabes der KV Nordwürttemberg (beide abgedruckt bei Narr, a.a.O. Rn 407); § 2 III b des Honorarverteilungsmaßstabes der KV Westfalen-Lippe; V Abs. 1 des Honorarverteilungsmaßstabes der KV Westfalen-Lippe; V Abs. 1 des Honorarverteilungsmaßstabes der KV Südwürttemberg; s. ferner BSGE 23, 97 (103); 30, 83 (86); 36, 155 (156); 38, 204; Till, Medizinrecht 1985, 267, mit Nachw. aus (offenbar unveröffentlichten) neueren Entscheidungen des BSG.

Die Gegenstände der Weiterbildung, der „Inhalt der Weiterbildung" (§ 43 II Nr. 5 NHKG), sind auf die „beruflichen Kenntnisse und Fähigkeiten" *bezogen,* welche in der Gebietsbezeichnung ihren Ausdruck finden (s. § 35 I i.V. mit § 32 NHKG).
Die Gebietsbezeichnung weist „auf besondere Kenntnisse *in* einem bestimmten beruflichen Gebiet" hin (§ 32 NHKG). „Die Weiterbildung dient der für den Erwerb der jeweiligen Bezeichnung ... erforderlichen Vertiefung der beruflichen Kenntnisse und Fähigkeiten" (§ 35 I 1 NHKG). Schon das deutet darauf hin, daß die Vertiefung durch Weiterbildung nicht das gesamte Gebiet in allen seinen Aspekten abdecken muß, sondern nur *in* dem Gebiet zu erfolgen hat. Gleiches folgt aus § 45 III Nr. 3 NHKG, wonach die Zulassung einer Krankenhausabteilung als Weiterbildungsstätte (u. a.) nur

voraussetzt, daß der weiterzubildende Arzt die Möglichkeit hat, sich mit den *typischen* Krankheiten des Gebietes ... vertraut zu machen". Dementsprechend dient die Prüfung im Anerkennungsverfahren (nur) „der Feststellung, ob der Antragsteller *auf* dem von ihm gewählten Gebiet" die „vorgeschriebenen besonderen ... Kenntnisse erworben hat" (§ 38 I 3 NHKG). *Flächendeckende* besondere Kenntnisse zum gesamten Inhalt und Umfang des Gebietes sind also offenbar nicht gefordert.

Davon geht auch die Musterweiterbildungsordnung aus. Für die Weiterbildung im Gebiet Laboratoriumsmedizin verlangt Nr. 14 der Anlage 1 zur Musterweiterbildungsordnung z. B. nur die Vermittlung und den Erwerb von *schlichten* Kenntnissen „in speziellen Untersuchungsmethoden der Laboratoriumsmedizin einschließlich nuklearmedizinischen Laboratoriumsuntersuchungen", während ansonsten *„eingehende"* Kenntnisse verlangt werden.

Entgegen einer mißverständlichen Äußerung von Till (Medizinrecht 1985, 267 (268)) ist es also nicht so, daß eine ärztliche Leistung auch zum Inhalt der Weiterbildung gehören muß, um einem Gebiet zugerechnet werden zu können. Soweit die Weiterbildung defizitär ist, bleibt es der persönlichen Initiative des Gebietsarztes überlassen, die speziellen Kenntnisse und Fähigkeiten zusätzlich zu erwerben. Solange und soweit seine persönliche Qualifikation nicht hinreicht, ist der Gebietsarzt von seiner persönlichen Verantwortung her, aber auch aus standesrechtlichen, haftungsrechtlichen und kassenarztrechtlichen Gründen *rechtlich* gehindert, die betreffenden Tätigkeiten auszuführen.

Daß die Weiterbildung nicht den gesamten Umfang des Gebietes abdecken muß und *kann,* hängt u. a. mit der Anknüpfung der Gebietsfestlegung an die „wissenschaftliche Entwicklung" zusammen, welche die Heilberufsgesetze/Kammergesetze/Ärztekammergesetze der Länder den Ärztekammern vorgeben (s. etwa § 33 I NHKG). Durch diese Anknüpfung an die wissenschaftliche Entwicklung, an den Stand des Wissenschaftsgebietes, enthält das Gebiet eine weite Palette *möglicher* Tätigkeiten. Auf der einen Seite einer breiten Skala stehen die Universitätskliniken und andere wissenschaftliche Einrichtungen, welche mit ihren Methoden der Diagnose und Behandlung an der Front der wissenschaftlichen Entwicklung stehen. Zur besonderen wissenschaftlichen Fachkunde kommt hier (im Idealfall) die Möglichkeit, für Diagnose und Behandlung auch aufwendige und aufwendigste Apparaturen einsetzen zu können. Am anderen Ende der Skala steht ein niedergelassener Arzt, welcher (in allerdings durchaus atypischer Weise) nur ein Minimum an Fortbildung wahrnimmt und auf kleiner Flamme mit 08/15-Methoden seine Patienten versorgt, ansonsten aber auf die Möglichkeit zurückgreift, die Patienten an Kliniken überweisen zu können. Es ist eindeutig, daß es nicht Aufgabe der Weiterbildung sein kann, den *gesamten* Inhalt und Umfang des Gebietes bis an die Front der wissenschaftlichen Entwicklung durch die Vermittlung besonderer Kenntnisse abzudecken. Die Weiterbildung ist nicht mit der Ausbildung zum Hochschullehrer identisch, sondern dient der Krankenversorgung in der *alltäglichen* Berufstätigkeit des Gebietsarztes. Entsprechend ist es auch nicht erforderlich, in der Weiterbildung besondere Kenntnisse zu Untersuchungs- und Behandlungsmethoden zu vermitteln, welche aufwendige und teure Apparaturen voraussetzen, über welche der in der Krankenversorgung tätige Gebietsarzt in der Regel nicht ohne weiteres verfügen kann. Auch innerhalb des Gebietes gibt es also Spezialisierungen, auf welche sich die Weiterbildung nicht in vollem Umfang zu erstrecken braucht. *Deshalb* ist es auch rechtmäßig, wenn dem Arzt für Laboratoriumsmedizin – wie ausgeführt wurde – „in speziellen Untersuchungsmethoden der Laboratoriumsmedizin einschließlich nuklearmedizinischer Laboratoriumsuntersuchungen" in der Weiterbildung nur schlichte „Kenntnisse" und nicht „eingehende" Kenntnisse vermittelt werden. Insoweit handelt es sich um Untersuchungsmethoden, welche von ihrem Ansatz her selbst von einem Arzt für Laboratoriumsmedizin spezielle Kenntnisse und Erfahrungen verlangen und in der Regel auch aufwendige Apparaturen erfordern.

Indessen darf die Ärztekammer nicht *beliebig* festlegen, welche Tätigkeiten aus dem Gebiet zum Weiterbildungsprogramm gehören. Mit den typischen Krankheiten und Untersuchungsmethoden des Gebietes *muß* der weiterzubildende Arzt vertraut gemacht werden (Argument aus § 43 III Nr. 1, 2 NHKG). Der aktuelle *Standard*umfang gebietsärztlicher Tätigkeit, welcher von niedergelassenen oder jedenfalls in den Kliniken tätigen Gebietsärzten ständig und *ohne* weiteres abgedeckt wird, *muß* in der Weiterbildung vertieft vermittelt werden. *Hier* reicht die Vermittlung schlichter „Kenntnisse" nicht aus. Sonst wäre die Gebietsbezeichnung, welche eben auf „*besondere* Kenntnisse im beruflichen Gebiet" hindeutet, „Etikettenschwindel". Ein „praktischer Arzt" oder ein anderer Gebietsarzt, welcher einen Patienten an einen Internisten überweist, geht davon aus, daß der niedergelassene oder in der Klinik tätige Internist besondere Kenntnisse zum *gesamten Standard*programm des Wissenschaftsgebietes der Inneren Medizin hat. Gleiches gilt für einen Patienten, welcher wegen einer internistischen Erkrankung von vornherein einen Gebietsarzt der Inneren Medizin aufsucht. § 32 NHKG und die entsprechenden Vorschriften der anderen Heilberufsgesetze/Kammergesetze/Ärztekammergesetze der Länder garantieren, daß diese Erwartungen nicht enttäuscht werden. Daher muß die Weiterbildung dieser Erwartung kongruent sein. Nur wenn in Randbereichen Zweifel bestehen, ob bestimmte gebietsärztliche Tätigkeiten zum Standardprogramm gehören oder nicht, lassen die Heilberufsgesetze/Kammergesetze/Ärztekammergesetze den Ärztekammern einen Beurteilungsspielraum.

Daß die Elektrokardiographie, die Sonographie und die Endoskopie heutzutage zum Standardprogramm internistischer Untersuchungen gehören, dürfte unzweifelhaft sein. Demgemäß ist es keine Entscheidung über eine Zweifelsfrage, sondern die Bestätigung einer Selbstverständlichkeit, wenn die Musterweiterbildungsordnung für die Innere Medizin die Sonographie und die Endoskopie ausdrücklich in die Weiterbildung einbezieht.

Zur Frage, ob die Endoskopie gleichwohl aus der Regelweiterbildung herausgenommen werden könnte, s. S. 51 ff.

II. Intensität der Weiterbildung

Die „*besonderen* Kenntnisse" weisen den Gebietsarzt als „Spezialarzt" aus. – „Spezialarzt" wurde der Gebietsarzt zu Beginn der Diskussion des Facharztproblems vor dem 1. Weltkrieg genannt.

Siehe dazu BVerfGE 33, 125 (130).

Entscheidend ist, wie weitgehend, in welchem Ausmaß sich die „besonderen Kenntnisse" des Spezialarztes der Inneren Medizin von den (auch internistischen) allgemeinen Kenntnissen des approbierten Arztes unterscheiden müssen und wie intensiv die Weiterbildung daher zu sein hat. Diese Frage beantworten die Heilberufsgesetze/ Kammergesetze/Ärztekammergesetze nicht ausdrücklich. Sie formulieren zwar, die Weiterbildung diene „der für den Erwerb der jeweiligen Bezeichnung ... erforderlichen *Vertiefung* der beruflichen Kenntnisse und Fähigkeiten" (§ § 35 I 1, 45 I NHKG). Aber daß die besonderen Kenntnisse über eine *Vertiefung* der vorhandenen Kenntnisse erworben werden müssen, ist ohnehin selbstverständlich. *Wie weitgehend* diese Kenntnisse vertieft werden müssen, bleibt in dem Verweis auf die für die besonderen Kenntnisse *„erforderliche"* Vertiefung in einem Zirkelschluß unbeantwortet. Immerhin geben die Heilberufsgesetze/Kammergesetze/Ärztekammergesetze aber auf indirektem Wege wenigstens die Richtung an. Die Kammern legen eine Gebietsbezeichnung fest, „wenn dies nach der wissenschaftlichen Entwicklung möglich und im Interesse der *angemessenen Versorgung der Bevölkerung* ... zweckmäßig erscheint" (§ 33 I 1 NHKG). „Im Interesse der angemessenen Versorgung der Bevölkerung" kann die Institution des Gebietsarztes nur zweckmäßig sein, wenn der Gebietsarzt auf seinem Gebiet *deutlich* mehr und anderes zu bieten hat als der (nur) approbierte Arzt. Schon vor dem ersten Weltkrieg sahen die ärztlichen Standesordnungen zumeist vor, daß die Bezeichnung „Spezialarzt" nur von Ärzten geführt werden dürfe, die sich eine *gründliche* Ausbildung in dem betroffenen Fach angeeignet hätten.

So BVerfGE 33, 125 (130f.).

Entsprechend dürften § 1 I und § 6 II der Musterweiterbildungsordnung das vom Gesetzgeber Gewollte treffen, wenn sie als Ziel der Weiterbildung die Vermittlung *„eingehender* Kenntnisse und Erfahrungen" im Gebiet angeben (§ 1 I) und als Voraussetzung für die Ermächtigung eines Arztes zur Weiterbildung die Befähigung fordern, „eine *gründliche* Weiterbildung zu vermitteln" (§ 6 II). Also trifft auch Anlage I Nr. 10 der Musterweiterbildungsordnung die Gesetzeslage, indem sie für die Innere Medizin die Vermittlung, den Erwerb und den Nachweis „eingehender Kenntnisse und Erfahrungen" zu den einschlägigen Untersuchungsmethoden verlangt.

III. Dauer der Weiterbildung

Zur Dauer der Weiterbildung formulieren die Heilberufsgesetze/Kammergesetze/ Ärztekammergesetze, die Weiterbildung in den Gebieten dürfe „drei Jahre nicht unterschreiten". Ob sich die Weiterbildung mit diesen 3 Jahren begnügt oder ob eine höhere Mindestweiterbildungszeit festgesetzt wird, entscheiden die Ärztekammern – bis hinaus zu einer 6-Jahres-Grenze (dazu später S. 46) – in ihrer Weiterbildungsordnung (§ 43 II Nr. 5 NHKG). Anlage I Nr. 10 der (Musterweiterbildungsordnung sieht für die „innere Medizin" eine Weiterbildungszeit von 6 Jahren vor (s. soeben S. 2). Nach § 3 IV 2 (Muster)weiterbildungsordnung ist das eine *„Mindest*zeit".

2. Teil
Satzungsvorrang und Satzungsvorbehalt

Die Mindestuntersuchungszahlen betreffen den Gegenstand („Inhalt") der Weiterbildung und führen offensichtlich zu einer (faktischen) Verlängerung der Weiterbildung. Im 2. Teil der Arbeit ist zunächst zu untersuchen, ob der *Vorstand* der Ärztekammer in der Kompetenzverteilung zwischen Vorstand und Kammerversammlung/Vertreterversammlung berechtigt ist, die Mindestuntersuchungszahlen festzulegen. Denn bisher haben die Ärztekammern die vom Vorstand der Bundesärztekammer empfohlenen (Muster)richtlinien über den Inhalt der Weiterbildung stets durch *Vorstands*beschluß für ihren Bereich in Kraft gesetzt. Man kann davon ausgehen, daß dieser Weg auch für die neuen (Muster)richtlinien des Vorstandes der Bundesärztekammer gegangen werden soll, in welchen die Mindestuntersuchungszahlen enthalten sind.

I. Rechtscharakter und Wirkungen von Vorstandsrichtlinien über den Inhalt der Weiterbildung

1. Keine Satzung

Nach der Rechtsformenlehre kann eine nichtstaatliche öffentlichrechtliche Selbstverwaltungskörperschaft wie die Ärztekammer *Außen*regelungen mit unmittelbarer *rechtlicher* Verbindlichkeit gegenüber dem „Verbands*volk*" der Selbstverwaltungskörperschaft, also gegenüber den kammerangehörigen Ärzten, ***nur*** durch ***Satzung*** treffen. Wie die Parlamentsgesetze der staatlichen Parlamente und die Rechtsverordnungen der staatlichen Exekutive die Gesetze (im materiellen Sinne) des Staates sind, an welche im Außenverhältnis das Staatsvolk rechtlich gebunden ist, sind die Satzungen die verbindlichen Gesetze für das „Verbandsvolk" nichtstaatlicher öffentlichrechtlicher Körperschaften. Wie bei allen öffentlichrechtlichen Selbstverwaltungskörperschaften obliegt nach den Heilberufsgesetzen/Kammergesetzen/Ärztekammergesetzen der Länder die Satzungsgebung allein dem vom Verbandsvolk gewählten unmittelbaren demokratischen Organ, der Kammerversammlung/Vertreterversammlung der Ärztekammer. Als Satzungen und damit als *verbindliche Außen*regelungen gegenüber den kammerangehörigen Ärzten können die *Vorstands*richtlinien daher nicht angesehen werden. Sie haben lediglich den Rechtscharakter einer Verwaltungsvorschrift.

Ebenso VG Hamburg, Urteil vom 08.1.1986 - 8 VG 55/85, Umdruck S. 11.

2. *Verwaltungsvorschriften*

a) *Verwaltungsinterne Verbindlichkeit von Verwaltungsvorschriften*

Als Ausfluß der Weisungshierarchie innerhalb der Exekutive haben auch Verwaltungsvorschriften Verbindlichkeit, aber nur im Innenverhältnis der Exekutive, gegenüber den Behörden, Verwaltungsstellen und Beamten/Angestellten/Arbeitern, welche der Weisungshierarchie des Verfassers der Verwaltungsvorschriften unterstehen. Diese Verbindlichkeit besteht auch dann, wenn der Weisungsunterworfene oder ein Dritter die Verwaltungsvorschriften für rechtswidrig, nämlich für unvereinbar mit dem Gesetzesrecht oder sogar mit dem Verfassungsrecht hält (s. etwa § 55 BBG). Nach den Beamtengesetzen des Bundes und der Länder hat der Beamte nur die Möglichkeit, zu remonstrieren, also seine rechtlichen Bedenken den Vorgesetzen vorzutragen. Die erfolglose Remonstration führt nur dazu, daß der Beamte von der *eigenen* Verantwortung befreit wird. Die Bindung des Beamten an die Verwaltungsvorschriften bleibt aber bestehen. Anderes gilt nur, wenn die Verwaltungsvorschriften vom Beamten ein strafbares oder ordnungswidriges Verhalten verlangt oder das ihm aufgetragene Verhalten die Würde des Menschen verletzt (so zu allem § 56 II BBG). Nur über diese prinzipielle Verbindlichkeit der Verwaltungsvorschriften im Innenbereich läßt sich das Hierarchieprinzip aufrechterhalten.

b) *Kompetenz des Vorstandes für den Erlaß von Verwaltungsvorschriften*

Der Vorstand der Ärztekammer nimmt beim Erlaß der Verwaltungsvorschrift „Richtlinien über den Inhalt der Weiterbildung" offenbar seine Zuständigkeit in Anspruch, „die laufenden Geschäfte der Kammer" zu führen (§ 25 I 1 NHKG). In diese Geschäftsführungskompetenz fallen auch „Angelegenheiten von *allgemeiner* Bedeutung, soweit sie sich ... *nur* auf die laufende Geschäftsführung beziehen" (§ 24 I Nr. 6 NHKG). Aus der Sicht des Vorstandes ist die Festlegung von Mindestuntersuchungszahlen offenbar eine Angelegenheit von allgemeiner Bedeutung, welche sich (nur) auf die Weiterbildung als laufendes Geschäft bezieht.

c) *Adressaten der Richtlinien*

Ihrem Wortlaut nach betreffen die (Muster)richtlinien über den Inhalt der Weiterbildung die *Vermittlung,* den *Erwerb* und den *Nachweis* eingehender Kenntnisse und Erfahrungen in der Inneren Medizin. Mit dem Stichwort „Vermittlung" richten sich die Richtlinien an die zur Weiterbildung ermächtigten kammerangehörigen Internisten, die „Weiterbildenden" als Ausbilder (s. nachfolgender Abschn. e). Der „Erwerb" von eingehenden Erfahrungen wird durch die Mindestuntersuchungszahlen den weiterzubildenden Kammerangehörigen vorgeschrieben, welche sich der Weiterbildung unterziehen (s. nachfolgender Abschn. f). Die „Nachweispflicht" ist ebenfalls an den Weiterzubildenden adressiert, welcher den Nachweis im Anerkennungsverfahren vor der Kammer zu erbringen hat (s. ebenfalls nachfolgender Abschn. f). Über die „Nachweispflicht" wird aber gleichzeitig auch der Verwaltungsstelle der Kammer, welche über den Antrag des Weiterzubildenden auf Anerkennung zu entscheiden hat, vorgeschrieben, bei dieser Entscheidung die Mindestuntersuchungszahlen zugrunde zu legen (s. nachfolgender Abschn. d). Nachfolgend ist zu untersuchen, inwieweit die genannten Adressaten der verwaltungs*internen* Weisungshierarchie des Vorstandes unterstehen. Soweit die Adressaten weisungsunterworfen sind, werden die Mindestuntersuchungszahlen für sie verbindlich. Das gilt unabhängig davon, ob die Mindestuntersuchungszahlen absolut gemeint sind, also in jedem Fall erfüllt sein müssen, oder ob es sich nur um Orientierungszahlen handelt, von welchen im Einzelfall auch abgewichen werden kann. Denn auch im letzten Falle sind die Verwaltungsstellen *verpflichtet,* sich an den Mindestuntersuchungszahlen zu *orientieren.* Soweit die Adressaten der Vorstandsrichtlinien der Weisungshierarchie des Vorstandes nicht unterworfen sind, haben die Richtlinien für sie zwar keine *rechtliche* Verbindlichkeit. Gleichwohl entfalten sie faktische Wirkungen.

d) (Interne) Verbindlichkeit für das Anerkennungsverfahren

Für die *Verwaltungsstellen* der Ärztekammer, die mit dem Anerkennungsverfahren befaßt sind, haben Mindestuntersuchungszahlen der Vorstandsrichtlinien *rechtliche* Verbindlichkeit. Das gilt auch, soweit das Anerkennungsverfahren ein Prüfungsverfahren (§ 38 NHKG, § § 9ff. Musterweiterbildungsordnung) ist.

aa) Zunächst muß der Antragsteller zur Prüfung zugelassen werden (§ 38 IV 1 NHKG, § 11 Musterweiterbildungsordnung). Über die Zulassung entscheiden Verwaltungsbeamte der Kammer unter der Verantwortung des Vorstandes. „Die Zulassung wird ausgesprochen, wenn die Weiterbildung *ordnungsgemäß* abgeschlossen ... ist" (§ 11 I 2 Musterweiterbildungsordnung, vgl. auch § 38 IV 1 NHKG). Bei der Entscheidung über die Ordnungsmäßigkeit der Weiterbildung ist der Verwaltungsbeamte an die Vorstandsrichtlinien und damit an die Festlegung zu den Mindestuntersuchungszahlen gebunden. Weil die Mindestuntersuchungszahlen (wohl) absolut gemeint sind, muß das dazu führen, daß der Verwaltungsbeamte schon die Zulassung zur Prüfung ablehnen muß, wenn ein Antragsteller die Mindestzahl der einschlägigen Untersuchungen nicht bescheinigt erhalten hat. Nur wenn man die Mindestuntersuchungszahlen als bloße Orientierungsgröße ansieht, darf der Verwaltungsbeamte den Antragsteller zulassen.

bb) Jetzt sind die Orientierungszahlen aber für den Prüfungsausschuß verbindlich. Der Prüfungsausschuß stellt fest, ob der Antragsteller „sowohl nach Inhalt, Umfang und Ergebnis der vorgelegten Zeugnisse über die einzelnen durchlaufenden Weiterbildungsabschnitte" als auch nach dem Ergebnis einer durchzuführenden mündlichen Prüfung (§ 38 IV 2 NHKG, § 12 III Musterweiterbildungsordnung) „die als Voraussetzung für die Anerkennung vorgeschriebenen besonderen ... Kenntnisse erworben hat" (§ 38 I 3 NHKG). Zwar sind die Mitglieder des Prüfungsausschusses hierbei „unabhängig und an Weisungen nicht gebunden" (§ 10 V Musterweiterbildungsordnung). Aber bei der Weisungsfreiheit dürfen die *Gegenstände,* auf welche sich die Prüfung kraft generell-abstrakter Festlegungen *bezieht,* nicht mit der Beurteilung verwechselt werden, ob der *konkrete* Antragsteller in seiner Person den auf die Prüfungsgegenstände bezogenen generellen Anforderungen entspricht, „die vorgeschriebenen besonderen

Kenntnisse erworben hat" (§ 83 I 3 NHKG). Die Weisungsfreiheit bezieht sich nur auf die individuelle Beurteilung des konkreten Prüflings, also auf die eigentliche Prüfung. Darüber, was allgemein zu prüfen ist, wie etwa die Weiterbildungsordnung *generell* ausgelegt werden soll, entscheidet im Verhältnis zwischen Vorstand und Prüfungsausschuß der Vorstand.

Auf gleicher Linie für generelle Determinierungen im Prüfungswesen durch „Beurteilungsrichtlinien" allgemein Ossenbühl, Verwaltungsvorschriften und Grundgesetz, 1968, S. 340f.

Denn: Zuständig für die Entscheidung über den Anerkennungsantrag ist die Kammer, nicht der Prüfungsausschuß (§ 38 I NHKG). Die Kammer hat über den Antrag nur „aufgrund einer Prüfung" zu entscheiden (§ 38 I 2 NHKG), in welcher die *fachlichen* Kenntnisse festgestellt werden (§ 38 I 3 NHKG). Abgesehen von der Beurteilung der *fachlichen* Kenntnisse ist also die Kammer und damit ihr Vorstand Herr des Anerkennungsverfahrens, nicht aber die Prüfungskommission. Dementsprechend ist der Prüfungsausschuß für das, *was* zur Prüfung gehört und welche *generellen* Maßstäbe anzulegen sind, der Weisung des Vorstandes unterworfen. Auch wenn die Mindestuntersuchungszahlen lediglich eine Orientierungsgröße sein sollten, muß also der Prüfungsausschuß diese Orientierungsgröße zugrunde legen. *Unabhängig* hat er nur zu überprüfen, ob der Antragsteller auf der Grundlage dieser Orientierungsgröße die fachlichen Voraussetzungen für die Anerkennung *individuell* erfüllt hat.

e) (Interne) Verbindlichkeit für die weiterbildenden Ärzte

Legt man die Aussagen zugrunde, welche sich in Literatur und Rechtsprechung zur Rechtsstellung des *weiterbildenden Arztes* finden, ist auch dieser Arzt in die Verwaltungshierarchie der Ärztekammer eingegliedert und also rechtlich an verwaltungsinterne Weisungen des Vorstandes zu Mindestuntersuchungszahlen gebunden. Nach § 36 IV NHKG hat die öffentlichrechtliche Ermächtigung zur Weiterbildung die Verpflichtung im Gefolge, „die Weiterbildung entsprechend den Vorschriften dieses Gesetzes sowie der Weiterbildungsordnung durchzuführen". Daraus wird in Literatur und Rechtsprechung geschlossen, der ermächtigte Arzt werde in öffentlichrechtlicher Funktion für die Ärztekammer tätig. Die Zeugnisse, die er erteile, seien Verwaltungsakte.

Siehe dazu Narr, Ärztliches Berufsrecht, 2. Aufl. 1977/1988, Rn. 362; Siegmund-Schultze, Arztrecht 1977, 218ff.; VGH Baden-Württemberg, DÄ 1971, 502 (503); VG des Saarlandes, Arztrecht 1978, 123 (124); VG Sigmaringen, Urteil vom 24.11.1983 - 4 K 934/82 (zitiert bei Narr, a.a.O.).

Wenn der weiterbildende Arzt derart mit der Wahrnehmung öffentlicher Gewalt beliehen ist, *muß* er der verwaltungsinternen Weisungskompetenz des Vorstandes der Ärztekammer unterworfen sein. Mit diesem Ansatz ist es also richtig, wenn Narr formuliert (a.a.O., Rn. 362), der Weiterbildende habe die Weiterbildung nach der Anlage zur Weiterbildungsordnung „*und* nach den Richtlinien des Vorstandes" durchzuführen. Auch bei der Festlegung von Mindestuntersuchungszahlen wäre der weiterbildende Arzt den Richtlinien des Vorstandes unterworfen.

f) Fehlende rechtliche Verbindlichkeit im Außenverhältnis zu den weiterzubildenden Ärzten – faktische Geltung

Entgegen der Vorstellung, die in den Musterrichtlinien zum Ausdruck kommt, ist der *Weiterzubildende* demgegenüber nicht *in* die verwaltungs*interne* Weisungshierarchie der Ärztekammer einbezogen und *rechtlich* gesehen an die Weisungen des Vorstandes also nicht gebunden. Der Weiterzubildende ist vielmehr Externer. Für ihn werden Mindestuntersuchungszahlen durch Richtlinien des Vorstandes daher *nicht* verbindlich eingeführt; ihm gegenüber sind sie *kein* geltendes Recht. Wie ein Staatsbürger, der dem Staat gegenüber steht, steht das weiterzubildende Kammermitglied als „Bürger“ der Ärztekammer der öffentlichrechtlichen Körperschaft *gegenüber. Er* ist das *Objekt* des öffentlichrechtlichen Handelns der Ärztekammer und des mit der Ausbildung öffentlicher Gewalt beliehenen weiterbildenden Arztes.

Entsprechend für (andere) Vorstandsrichtlinien im Anerkennungsverfahren VG Hamburg, Urteil vom 08.1.1986, 8 VG 55/85, Umdruck S. 11.

Wenn die Richtlinien über den Inhalt der Weiterbildung auch den Weiterzubildenden als Adressaten der Verwaltungsvorschrift reklamieren, liegen dem noch Vorstellungen aus der Rechtsfigur des „besonderen Gewaltverhältnisses“ zugrunde, welche seit dem Strafvollzugsurteil des Bundesverfassungsgerichts vom 10. 3. 1972 obsolet sind.

BVerfGE 33, 1 (9ff.).

Im Gefolge dieser Entscheidung ist heute allgemein anerkannt, daß der Bürger auch im besonderen Gewaltverhältnis (Strafvollzug, Schule, Universität, sonstige öffentlichrechtliche Körperschaften) nicht (mehr) – wie in monarchischer Zeit („Hausgut des Monarchen“) – in die Verwaltungsorganisation *eingegliedert* und damit den verwaltungs*internen* Weisungen unterworfen ist. Wie im allgemeinen Gewaltverhältnis steht der Bürger der Verwaltung vielmehr auch im besonderen Gewaltverhältnis als *Externer* gegenüber.

Zusammenfassend s. etwa Maurer, Allgemeines Verwaltungsrecht, 5. Aufl. 1986, § 6 Rn. 17ff.; Erichsen-Martens, Allgemeines Verwaltungsrecht, 8. Aufl. 1988, S. 55ff., 232. – Zur historischen Entwicklung s. W. Martens ZBR 1970, 197ff.; Erichsen, in: Festschrift für H. J. Wolff, 1973, S. 238ff.

Weil die Mindestweiterbildungszeiten für den Weiterzubildenden nicht verbindlich sind, wäre etwa in einem Verfahren vor dem Verwaltungsgericht über die Anerkennung als Gebietsarzt *allein* aufgrund der Weiterbildungsordnung, nicht aufgrund der Vorstandsrichtlinien mit den nur in ihnen enthaltenen Mindestuntersuchungszahlen zu entscheiden.

Entsprechend VG Hamburg, a.a.O.

Aber diese Rechtslage wirkt sich für den Weiterzubildenden erst dann aus, *wenn* er die Hilfe der Verwaltungsgerichte *tatsächlich* in Anspruch nimmt. Sonst und bis zur Gerichtsentscheidung bewirkt die (interne) rechtliche Bindung, welcher der weiterbildende Arzt und – im Anerkennungsverfahren – die Verwaltungsstellen und Prüfungsausschüsse der Kammern unterworfen sind, daß auch der Weiterzubildende in vollem Umfange *faktisch* an die Mindestuntersuchungszahlen gebunden ist.

Hier liegt das kompetenzrechtliche Problem, welches nachfolgend untersucht werden muß. Wenn es allein der Satzungsgeber ist, welcher Mindestuntersuchungszahlen durch Satzung und damit durch Außen*regelung* festsetzen kann, darf der Vorstand seine verwaltungsinternen Weisungsbefugnisse nicht dazu benutzen, um über die Außen*wirkung* einer Verwaltungsvorschrift „auf kaltem Wege" das gleiche Ergebnis (Mindestuntersuchungszahlen) herbeizuführen, welches nach der Kompetenzverteilung zwischen den Organen der Kammer von Rechts wegen nur aufgrund einer Entscheidung des Satzungsgebers (Kammerversammlung/Vertreterversammlung) herbeigeführt werden darf.

II. Satzungsvorrang

Der *Vorstand* ist an der Festsetzung von Mindestuntersuchungszahlen einerseits dann gehindert, wenn die Festsetzung mit Entscheidungen des *Satzungs*gebers unvereinbar ist, welche dieser in der (Muster)weiterbildungsordnung ***anders*** getroffen ***hat.*** Denn in der Normenhierarchie hat die Satzung Vorrang („Satzungs*vorrang*", zum Satzungs*vorbehalt*" s. erst nachfolgend Abschn. III). „Vorstandsrecht" darf „Satzungsrecht" nicht widersprechen.

1. Verstoß gegen Entscheidungen der (Muster)weiterbildungsordnung zum Inhalt der Weiterbildung

a) Abgehen vom individualisierten Beurteilungssystem

Nach Anlage I Nr. 10 der (Muster)weiterbildungsordnung muß der weiterbildende Arzt dem Weiterzubildenden „eingehende Kenntnisse und Erfahrungen" in den einschlägigen Untersuchungsmethoden vermitteln. Diese Vermittlung setzt selbstverständlich voraus, daß der Weiterzubildende die einschlägigen Untersuchungen in hinreichender Zahl durchführt. Wann die Zahl aber hinreicht, ist nach der (Muster)-weiterbildungsordnung in vollem Umfang ***individualisiert.*** Die individuelle Komponente liegt einerseits in der Person des Weiterzubildenden. Es hängt von seiner manuellen Geschicklichkeit, seiner theoretischen Auffassungsgabe, seiner Vorerfahrung und sonstigem ab, wieviele Untersuchungen der einzelne Weiterzubildende durchgeführt haben muß, damit ihm der weiterbildende Arzt im Zeugnis „eingehende Kenntnisse und Erfahrungen" zu der einschlägigen Untersuchungsmethode bescheinigen kann. Ein Weiterzubildender, welcher in den angedeuteten Aspekten gut qualifiziert ist, kommt mit wesentlich weniger Untersuchungen aus als ein Weiterzubildender, welcher über keinerlei Vorerfahrungen verfügt und in manueller Hinsicht besonders ungeschickt ist. Die individuelle Komponente liegt andererseits in der Beurteilung durch den weiterbildenden Arzt. Es hängt von der individuellen Erfahrung und vom individuellen Eindruck des weiterbildenden Arztes ab, nach wievielen durchgeführten Untersuchungen dieser überzeugt ist, der Weiterzubildende habe „eingehende Kenntnisse und Erfahrungen" zur einschlägigen Untersuchungsmethode gewonnen.
Entsprechend individuell ist die Beurteilung durch den Prüfungsausschuß im Anerkennungsverfahren. Der Prüfungsausschuß entscheidet aufgrund der Plausibilität des

Zeugnisses (vgl. § 38 IV 2 NHKG) und aufgrund der vom Antragsteller mündlich dargelegten Kenntnisse, ob der Antragsteller „eingehende Kenntnisse und Erfahrungen" in der einschlägigen Untersuchungsmethode erworben hat. Diese individuelle Beurteilung ist nicht anders als bei allen anderen Untersuchungsmethoden, zu welchen keine Mindestuntersuchungszahlen im Gespräch sind.

Über die Einführung von Mindestuntersuchungszahlen wird das bisherige durchgehend individualisierte Beurteilungssystem durch ein ganz anderes System ersetzt. An seine Stelle treten *generelle* Festlegungen. Es wird die „hypothetische Durchschnittsfigur" *eines* Weiterzubildenden geschaffen, dem ein „durchschnittlicher Leistungsstandard" zugeordnet wird.

Zu diesem Vorgehen bei „Beurteilungsrichtlinien" im Prüfungswesen s. Ossenbühl, Verwaltungsvorschriften und Grundgesetz, 1968, S. 343.

Für den weiterbildenden Arzt und später für den Prüfungsausschuß tritt an die Stelle individueller Beurteilungen die schlichte Subsumtion unter die zahlenmäßigen Anforderungen. Nur wenn besondere Anhaltspunkte für den Negativeindruck bestehen, daß ein bestimmter Weiterzubildender wegen seiner schlechten Qualifikation mit den Mindestuntersuchungszahlen nicht „auskommt", wird die Subsumtion durch eine individuelle Beurteilung ersetzt.

Mit diesem Ausrichten und Gleichrichten der Beurteilung wird ein System eingeführt, welches das Individualsystem der Musterweiterbildungsordnung aufgibt. Über die Richtlinien des Vorstandes zu den Mindestuntersuchungszahlen wird die Musterweiterbildungsordnung also nicht nur erläutert, konkretisiert und detailliert, sondern in ihrer Substanz verändert, neu geschaffen. Weil der Satzungsgeber anders unterschieden hat, kann das nicht durch Richtlinien des Vorstandes, sondern nur über eine Änderung der (Muster)weiterbildungsordnung selbst geschehen.

Auf gleicher Linie Hans-Jürgen Hansen, Fachliche Weisung und materielles Gesetz, 1971, S. 340, welcher „Beurteilungsrichtlinien bei einer vorhandenen Prüfungsordnung" sogar immer schon dann für unzulässig hält, wenn „die materiell-gesetzlich festgelegten Prüfungsmaßstäbe (auch nur) konkretisiert und detailliert werden".

b) Beifügung einer weiteren formellen Voraussetzung für die Zulassung zur Prüfung im Anerkennungsverfahren

Desweiteren verstoßen Mindestuntersuchungszahlen in Richtlinien des Vorstandes gegen die Regelungen von § 11 (Muster)weiterbildungsordnung über die Zulassung zur Prüfung, wenn die Mindestuntersuchungszahlen absolut gemeint sind (s. dazu bereits S. 17). „Die Zulassung wird ausgesprochen, wenn die Weiterbildung *ordnungsgemäß* abgeschlossen ... ist" (§ 11 I 2 Musterweiterbildungsordnung, vgl. auch § 38 IV 1 NHKG). Mit dem „ordnungsgemäßen" Abschluß kann nur der Abschluß nach den Vorschriften der (Muster)weiterbildungsordnung und nach den höherrangigen Vorschriften der Heilberufsgesetze/Kammergesetze/Ärztekammergesetze der Länder gemeint sein, *nicht* aber der Abschluß nach Vorschriften, welche im Range unter der Weiterbildungsordnung stehen und als Vorstandsrichtlinien gegenüber dem Weiterzubildenden keine Rechts*geltung* haben (s. soeben S. 19f.). Wie ausgeführt wurde, würde die Nichterfüllung von Mindestuntersuchungszahlen dazu führen müssen, daß die an die Vorstandsrichtlinie gebundene Verwaltungsstelle die Zulassung zur Prüfung versagen müßte (S. 17). Indem eine Vorstandsrichtlinie das anordnet, verstößt sie gegen § 11 Musterweiterbildungsordnung. Aus der (Muster)weiterbildungsordnung und aus den Heilberufsgesetzen/Kammergesetzen/Ärztekammergesetzen der Länder ergibt sich ein Numerus clausus der Zulassungsvoraussetzungen, welche gegenüber dem Antragsteller nur gefordert werden dürfen. Soll mit den Mindestuntersuchungszahlen eine weitere Zulassungsvoraussetzung eingeführt werden, kann das nur über eine Ergänzung der genannten Rechtsvorschriften, nicht aber über eine Richtlinie des Vorstandes geschehen.

2. *Verstoß gegen die Entscheidung der (Muster)weiterbildungsordnung zur Dauer der Weiterbildung*

a) Direkte Ableitung

Die in Vollzug der Musterweiterbildungsordnung erlassenen Weiterbildungsordnungen der Ärztekammern sehen für die Innere Medizin eine Mindestweiterbildungszeit von 6 Jahren vor (S. 14). Vor dem Hintergrund der Intensität, in welcher die Berufsfreiheit des Arztes betroffen ist (dazu Näheres S. 43ff.), muß es einem Weiterzubildenden im *allgemeinen* möglich sein, die Weiterbildung in der Mindestzeit abzuschließen. Nur in *atypischen* Fällen oder dann, wenn der Weiterzubildende es wünscht, kann die Weiterbildung auch länger dauern. Entgegen der Ansicht der Bundesärztekammer (s. soeben S. 8f.) bedeutet das Wort „*Mindest*zeit" (§ 3 IV 2 Musterweiterbildungsordnung) also *nicht,* daß an die Weiterbildung Anforderungen gestellt werden dürfen, welche in der vorgesehenen Weiterbildungszeit im *allgemeinen* von vornherein unerfüllbar sind. Sollen *gegen* die bisherige Entscheidung des Satzungsgebers solche Anforderungen gestellt werden, muß der *Satzungsgeber* die Mindestweiterbildungszeit entsprechend erhöhen.
Die Mindestuntersuchungszahlen in den Richtlinien des Vorstandes über den Inhalt der Weiterbildung sind so hoch angesetzt, daß sie zu einer beträchtlichen Verlängerung der Weiterbildung führen müssen. Deshalb gilt: Selbst wenn der Vorstand entgegen den bisherigen Darstellungen die Befugnis hätte, Mindestuntersuchungszahlen festzustellen, dürfte er das nicht mit den hohen Zahlen der (Muster)richtlinien über den Inhalt der Weiterbildung tun. Denn damit würde der Vorstand die Mindestweiterbildungszeit aus der Weiterbildung „auf kaltem Wege" faktisch verlängern und also in rechtswidriger Weise an Stelle des Satzungsgebers tätig werden. (Daß statt einer Verlängerung der Weiterbildungszeit die Zahl der Weiterbildungsplätze reduziert und die Weiterbildung auf diesen Plätzen in der bisherigen Weiterbildungszeit durchgezogen werden könnte, erscheint aus tatsächlichen Gründen unrealistisch.)

b) Indirekte Ableitung

Daß die Weiterbildungszeit durch Satzung verlängert werden müßte, ergibt sich indirekt auch aus den Voraussetzungen, von welchen die Heilberufsgesetze/Kammergesetze/Ärztekammergesetze der Länder die Zulassung einer Krankenhausabteilung als Weiterbildungsstätte abhängig machen. Die Zulassung setzt u. a. voraus, daß „Patienten in so ausreichender Zahl *und Art* behandelt werden, daß der weiterzubildende Arzt die Möglichkeit hat, sich mit den typischen Krankheiten des Gebietes ... vertraut zu machen" (§ 45 III Nr. 1 NHKG). Wenn das Patientengut nicht für so viele medizinisch indizierte Untersuchungen ausreicht, daß der Weiterzubildende vorgeschriebene Mindestuntersuchungszahlen in der Mindestweiterbildungszeit erfüllen kann, wäre dieser Weiterbildungsstätte die Zulassung zu entziehen. Weil das Patientengut offensichtlich bei so gut wie keiner einschlägigen Weiterbildungsstätte ausreichen würde (s. S. 8), müßte so gut wie allen einschlägigen Weiterbildungsstätten die Zulassung entzogen werden. Die Weiterbildung in der Inneren Medizin käme insgesamt zum Erliegen. Auch um das zu vermeiden, müßte die Mindestweiterbildungszeit *formell,* durch Satzungsänderung, und nicht bloß faktisch durch eine Richtlinie des Vorstandes verlängert werden.

III. Satzungsvorbehalt

In den Ausführungen in Abschn. II hat sich ergeben, daß die (Muster)weiterbildungsordnung Regelungen getroffen *hat,* mit welchen Vorstandsrichtlinien über Mindestuntersuchungszahlen unvereinbar wären. In den nachfolgenden Ausführungen wird ein anderer Argumentationsweg verfolgt. Durch ihn kann die rechtliche Beurteilung auf ein „zweites Bein" gestellt werden. *Gegen* die Ergebnisse von Abschn. II unterstellen die nachfolgenden Ausführungen, die Entscheidung des Satzungsgebers sei bisher „offen". Es wird sich zeigen, daß Mindestuntersuchungszahlen – wenn überhaupt – *auch jetzt* nur durch den Satzungsgeber, über eine Änderung der Musterweiterbildungsordnung, nicht aber durch Richtlinien des Vorstandes eingeführt werden können. So oder so ist die Entscheidung für oder gegen Mindestuntersuchungszahlen allein dem Satzungsgeber vorbehalten (= Satzungs*vorbehalt*).

1. Einfachgesetzlicher Satzungsvorbehalt

a) Inhalt der Weiterbildung

Nach den Heilberufsgesetzen/Kammergesetzen/Ärztekammergesetzen der Länder wird der „Inhalt der Weiterbildung" in der Weiterbildungsordnung und damit durch Satzung geregelt (§ 43 II Nr. 5 NHKG). Den Inhalt der Weiterbildung in anderer Rechtsform festzulegen, ist die Kammer nicht befugt. Die Mindestuntersuchungszahlen legen den „Inhalt der Weiterbildung" im Sinne dessen fest, was die Heilberufsgesetze/Kammergesetze/Ärztekammergesetze unter dem „Inhalt der Weiterbildung" verstehen. Denn „Inhalt der Weiterbildung" ist offensichtlich all das, was dem Weiterzubildenden in der Weiterbildung an Kenntnissen und Erfahrungen vermittelt werden muß und was er dann im Anerkennungsverfahren nachzuweisen hat. Hierzu sollen nunmehr nicht nur *überhaupt* Untersuchungen mit den genannten Untersuchungsmethoden, sondern eine bestimmte *Mindestzahl* von Untersuchungen gehören.
Zu fragen ist nur, ob die (Muster)weiterbildungsordnung die erforderliche Entscheidung zu den Mindestuntersuchungszahlen bereits hinreichend getroffen *hat,* wenn sie

die Vermittlung und den Nachweis *eingehender* Kenntnisse und Erfahrungen zu den einschlägigen Untersuchungsmethoden verlangt. Daß sich Normen „unbestimmter Rechtsbegriffe“ bedienen und bedienen müssen, welche zunächst die Verwaltung und dann – letztinstanzlich – die Verwaltungsgerichte als Rechtsanwender auszulegen und zu konkretisieren haben, ist rechtswissenschaftliches Allgemeingut.
Diese Auslegungs- und Konkretisierungskompetenz der Exekutive „faßt“ aber nur, wenn die auszulegende Rechtsnorm in ihrer Unbestimmtheit ihrerseits den rechtlichen Anforderungen genügt. Ist sie *zu* unbestimmt, ist sie nichtig.
Damit wird entscheidend, *wie bestimmt* der Satzungsgeber den „Inhalt der Weiterbildung“ festlegen muß, wenn *er* es nach den Heilberufsgesetzen/Kammergesetzen/Ärztekammergesetzen der Länder ist, welcher für die jeweilige Ärztekammer den „Inhalt der Weiterbildung“ zu regeln hat. Wie ausgeführt wurde, kommen für die Beurteilung, ob „eingehende Kenntnisse und Erfahrungen“ zu den einschlägigen Untersuchungsmethoden vermittelt, erworben und nachgewiesen werden, 2 gegensätzliche Systeme in Betracht, das System individueller Beurteilungen und das an einer hypothetischen Durchschnittsfigur orientierte System genereller Mindestuntersuchungszahlen. Ob das eine oder das andere System gewählt werden soll, versteht sich keineswegs von selbst. Es geht vielmehr um eine weiterbildungspolitische Entscheidung von hohem Rang, um eine wertende Entscheidung zum „Inhalt der Weiterbildung“ par excellence. Diese Entscheidung hat (schon) nach der einfachgesetzlichen Rechtslage (§ 43 II Nr. 5 NHKG) der Satzungsgeber *selbst* zu treffen. Er darf sie nicht unter dem „Deckmantel“ von Auslegung und Konkretisierung dem Vorstand überlassen.

Auf gleicher Linie Hansen, Fachliche Weisung und materielles Gesetz, S. 340, mit dem bereits S. 21 wörtlich wiedergegebenen Zitat.

Entsprechendes gilt für die Frage, wie hoch die Mindestuntersuchungszahlen angesetzt werden müssen, damit sie im „Normalfall“ den Erwerb „eingehender Kenntnisse und Erfahrungen in den einschlägigen Untersuchungsmethoden“ garantieren. Die zu stellenden Anforderungen werden entscheidend durch die subjektiven Erfahrungen und wertenden Vorstellungen des jeweils Urteilenden bestimmt; selbst berufspolitische Aspekte mögen hereinspielen können. Je nachdem, wer die Anforderungen im Einzelfall festlegt, können in einer großen Bandbreite Mindestuntersuchungszahlen von ganz unterschiedlicher Höhe festgelegt werden. Wenn es nach den Heilberufsgesetzen/Kammergesetzen/Ärztekammergesetzen der Länder die satzungsgebende Kammerversammlung/Vertreterversammlung und nicht der Vorstand ist, welche den „Inhalt der Weiterbildung“ durch Satzung festschreibt, sind gerade alle *Wertungs*fragen zum Inhalt der Weiterbildung unmittelbar der *demokratischen* Instanz der Kammer, der Kammerversammlung/Vertreterversammlung, zugewiesen. Wenn die (ohnehin der Kammerversammlung zugewiesene, s. soeben) Grundsatzentscheidung über die Einführung von Mindestuntersuchungszahlen gefallen ist, muß daher auch die konkrete Höhe der Mindestuntersuchungszahlen durch Satzung der Kammerversammlung/Vertreterversammlung beschlossen werden. Auch in bezug auf die Höhe kann sich die Kammerversammlung nicht mit einem unbestimmten Gesetzesbegriff begnügen und die konkrete Wertung so dem Vorstand überlassen.

b) Mindestdauer der Weiterbildung

Nach den Heilberufsgesetzen/Kammergesetzen/Ärztekammergesetzen obliegt es ebenfalls dem Satzungsgeber und nicht dem Vorstand, die „Mindestdauer der Weiterbildung" festzusetzen (§ 43 II Nr. 5 NHKG). Deshalb darf der Vorstand keine verwaltungsinternen Richtlinien erlassen, welche - wie die Richtlinien über die Mindestuntersuchungszahlen - Auswirkungen auf die Mindestdauer der Weiterbildung haben. Die Entscheidung, wie lang die Mindestdauer der Weiterbildung sein soll, ist eben dem Satzungsgeber vorbehalten.

2. Verfassungsrechtlicher Satzungsvorbehalt

Die vorgesehenen Ausführungen zum einfachgesetzlichen Satzungsvorbehalt bestätigen sich, wenn man nachfolgend die verfassungsrechtliche Rechtslage abtastet. Auch schon verfassungsrechtlich gesehen dürfen Mindestzahlen für die genannten Untersuchungen in der Weiterbildung - wenn überhaupt - nur durch Satzung der Kammerversammlung/Vertreterversammlung, nicht aber durch Richtlinien des Vorstandes festgesetzt werden.

a) Satzungsvorbehalt als Ausdruck eines verfassungsrechtlichen Rechtsnormvorbehalts

Generell-abstrakte Regelungen zur Weiterbildung betreffen die Berufsfreiheit des Art. 12 I GG und können daher gemäß Art. 12 I 2 GG nur „durch Gesetz oder auf Grund eines Gesetzes" erfolgen. Ob die Berufswahl oder die Berufsausübung geregelt wird, ist dabei unerheblich. Denn seit dem „Apothekenurteil" des Bundesverfassungsgerichts ist Allgemeingut, daß das Grundgesetz die Berufswahl (Art. 12 I 1 GG) und die Berufsausübung (Art. 12 I 2 GG) als Erscheinungsformen eines einheitlichen Grundrechts der Berufsfreiheit ansieht, welches insgesamt dem Gesetzesvorbehalt des Art. 12 I 2 GG untersteht.

BVerfGE 7, 377 (398ff.).

Die Formulierung des Grundgesetzes, nach welcher (generell-abstrakte) Regelungen zur Berufsfreiheit „durch Gesetz *oder auf Grund eines Gesetzes*" erfolgen können, macht deutlich, daß die Regelungskompetenz nicht allein dem staatlichen Gesetzgeber in der Gestalt des Bundestages und der Landtage der Länder obliegt. „Auf Grund eines Gesetzes" (Parlamentsgesetzes) kann die Berufsfreiheit vielmehr auch in Rechtsverordnungen der staatlichen Exekutive und in Satzungen nichtstaatlicher Selbstverwaltungskörperschaften des öffentlichen Rechts wie der Ärztekammern geregelt werden, (wenn bestimmte Voraussetzungen erfüllt sind).

So der „Facharztbeschluß" BVerfGE 33, 125 (155f.) speziell für die Weiterbildungsordnungen; 76, 171 (185).

Dabei ist die Möglichkeit zur (generell-abstrakten) Regelung der Berufsfreiheit „auf Grund eines Gesetzes" auf Rechtsnormen mit *rechtlicher* Außen*geltung* gegenüber dem Grundrechtsträger und damit auf Rechtsverordnungen und Satzungen *beschränkt.* Nur diese sind „Rechtsnormen im Sinne des Art. 12 I 2 GG".

BVerfGE 76, 171(185); BVerfGE 58, 257 (274) unter Bezugnahme auf BVerwGE 56, 155 (159): „Da es sich um eine Begrenzung der Grundrechtsausübung handelt, muß die Regelung durch „Rechtssatz" erfolgen."

Generell-abstrakte Regelungen mit bloßer Binnengeltung innerhalb der Weisungshierarchie der Verwaltung (Verwaltungsvorschriften) sind nach ihrem Rechtscharakter nicht in der Lage, die Berufsfreiheit mit Wirkung für den Grundrechtsträger so zu regeln, wie Art. 12 I 2 GG es vorschreibt: mit *rechtlicher* Verbindlichkeit gegenüber dem Grundrechtsträger. Für den Grundrechtsträger haben diese Verwaltungsvorschriften zwar die für Richtlinien des Vorstandes schon beschriebene faktische Außen*wirkung*, weil die Verwaltung nach ihnen handelt. Art. 12 I 2 GG läßt Beeinträchtigungen der Berufsfreiheit aber nicht über solche bloßen Außen*wirkungen*, sondern nur durch Außen*regelungen* zu.
Die Richtlinien der Ärztekammern über den Inhalt der Weiterbildung sind nach dem Gesagten nur Verwaltungsrichtlinien, aber keine Satzungen und also keine „Rechtsnormen im Sinne des Art. 12 I 2 GG".

Entsprechend für die Richtlinien des anwaltlichen Standesrechts BVerfGE 76, 171 (184).

Damit genügt die Festlegung von Mindestzahlen für die genannten Untersuchungen in den Richtlinien über die Weiterbildung nicht den verfassungsrechtlichen Anforderungen an den Gesetzesvorbehalt.
Anderes würde (auch jetzt) nur gelten, wenn die Mindestzahlen bereits in den unbestimmten Gesetzesbegriffen der Weiterbildungsordnung in einer Weise angelegt wären, welche dem verfassungskräftigen „Rechtsnormenvorbehalt" in der Gestalt des „Satzungsvorbehalts" entsprechen würde.

b) Verfassungsrechtlicher Bestimmtheitsgrundsatz

Auch mit verfassungsrechtlichem Ansatz geht es damit (wiederum, aber eigenständig) um die Frage, wie bestimmt die Weiterbildungsordnung sein muß, um aus ihr im Wege rechtsanwendender Auslegung und Konkretisierung Mindestzahlen für die genannten Untersuchungen ableiten zu können. Dem Vorbehalt des Gesetzes und damit auch dem Satzungsvorbehalt korrespondiert der verfassungsrechtliche Bestimmtheitsgrundsatz.

Siehe etwa BVerfGE 41, 251 (266); 48, 210 (221f.); 49, 89 (129); 56, 1 (13).

Denn der Vorbehalt des Gesetzes liefe leer, wenn sich der Normgeber mit Leerformeln begnügen und die *eigentliche* inhaltliche Entscheidung der Exekutive überlassen könnte. Andererseits hindert auch der Vorbehalt des Gesetzes den Gesetzgeber nicht, sich unbestimmter Gesetzesbegriffe zu bedienen; sie sind grundsätzlich zulässig.

BVerfGE 3, 225 (243); 13, 153 (161); 21, 73 (79); 56, 1 (12f.).

Also ist (nunmehr) auf verfassungsrechtlicher Ebene zu entscheiden, wie bestimmt die Weiterbildungsordnung als Satzung sein muß, um konkreten Mindestuntersuchungszahlen in der Weiterbildung Geltung verschaffen zu können.

aa) Beim verfassungsrechtlichen Bestimmtheitsgrundsatz müssen im Ansatz 2 Untersuchungsebenen scharf auseinandergehalten werden.
Erstens geht es um die Frage, wie bestimmt das staatliche Parlamentsgesetz sein muß, wenn es die Rechtsmacht zur *Normsetzung* überträgt, also wenn es die Exekutive zum Erlaß einer berufsregelnden Rechtsverordnung ermächtigt oder einer nichtstaatlichen öffentlichrechtlichen Selbstverwaltungskörperschaft Autonomie zur Regelung der Berufsfreiheit verleiht. Für die Ermächtigung zum Erlaß einer Rechtsverordnung stellt das Bundesverfassungsgericht insoweit im Rahmen von Art. 80 I 2 GG auf die Intensität ab, mit welcher die Grundrechte des Regelungsadressaten betroffen werden.

Grundlegend BVerfGE 58, 257 (274, 278).

Für die Verleihung der Satzungsautonomie gilt Vergleichbares. „Im einzelnen hängt die Abgrenzung von der Intensität des Eingriffs in das Grundrecht der Berufsfreiheit ab, wobei die Anforderungen an die Bestimmtheit der erforderlichen gesetzlichen Ermächtigung um so höher sind, je empfindlicher der Berufsangehörige in seiner freien beruflichen Betätigung beeinträchtigt wird und je stärker die Interessen der Allgemeinheit an der Art und Weise der Tätigkeit berührt werden".

So BVerfGE 76, 171 (185); s. ferner etwa BVerfGE 33, 125 (155ff.); 71, 162 (172).

Diese Untersuchungsebene ist gegenwärtig nicht einschlägig (zu ihr erst S. 45ff.).
Im Augenblick geht es um die zweite Untersuchungsebene. Sie betrifft die Frage, wie bestimmt *die* normative Regelung sein muß, welche *unmittelbare* Grundlage für die *Einzelfall*entscheidung der Exekutive und später der Rechtsprechung in der Norm*anwendung* ist. Dabei ist es gleichgültig, welchen Rechtscharakter die Rechtsnorm hat, unter welche die Exekutive den Einzelfall subsumiert, ob es sich um ein Parlamentsgesetz, um eine Rechtsverordnung oder um eine Satzung handelt. Für alle diese Rechtsnormen gelten die nachfolgenden Grundsätze in gleicher Weise.

bb) Im Grundsatz muß auf der zweite Untersuchungsebene mit dem „Rechtsnormenvorbehalt" und damit mit dem Bestimmtheitsgrundsatz Ernst gemacht werden (zu sachnotwendigen Auflockerungen s. erst später unter cc).
„Die grundsätzliche Zulässigkeit unbestimmter Gesetzesbegriffe entbindet den Gesetzgeber nicht davon, die Vorschrift so zu fassen, daß sie den rechtsstaatlichen Grundsätzen der Normenklarheit und Justitiabilität entspricht. Sie muß in ihren Voraussetzungen und in ihrem Inhalt so formuliert sein, daß die von ihr Betroffenen die Rechtslage erkennen und ihr Verhalten danach einrichten können. Darüber hinaus gebietet der Grundsatz der Gesetzmäßigkeit der Verwaltung, daß der Gesetzgeber *selbst* die Einzelbefugnisse und -pflichten ... inhaltlich normiert; er darf ... dies nicht dem Ermessen der Verwaltung anheim geben." Die Entscheidung, ob ein konkreter Sachverhalt dem unbestimmten Gesetzesbegriff unterliegt, muß sich aus dem Gesetz selbst ergeben und darf nicht der Verwaltungsbehörde zugeschoben sein.

So und in diesem Sinne BVerfGE 21, 73 (79, 82).

Demgemäß müssen sich aus der Zielsetzung des Gesetzes, aus dem sachlichen Zusammenhang der Vorschriften und aus anderem Zweck und Inhalt des unbestimmten Gesetzesbegriffs ausreichend ermitteln und objektive Kriterien gewinnen lassen, die eine willkürliche Handhabung durch die Behörden und Gerichte ausschließen.

So BVerfGE 21, 72 (80).

Zwar kann nicht erwartet werden, daß jeder Zweifel ausgeschlossen wird.

Darauf weist BVerfGE 31, 255 (264) ausdrücklich hin.

Aber die Verwaltungsbehörden und Gerichte müssen in der Lage sein, die gesetzgeberische Entscheidung zu konkretisieren.

BVerfGE 31, 255 (264).

Mit diesem Ausgangspunkt genügt ein unbestimmter Gesetzesbegriff dem Vorbehalt des Gesetzes und dem aus ihm folgenden Bestimmtheitsgebot im Grundsatz nicht mehr, wenn er ohne hinreichende Anhaltspunkte nur über wertende Dezisionen der Exekutive ausgelegt werden kann. Der Kreis hierhin schließt sich durch die in Literatur und Rechtsprechung stets wiederkehrende Sicht, die Auslegung eines unbestimmten Gesetzesbegriffes sei darauf gerichtet, das vom Gesetzgeber Gewollte „richtig" zu *erkennen*, es gebe jeweils nur *eine* richtige Entscheidung.

Siehe dazu etwa BVerwGE 28, 118 (126); 39, 197 (203).

Diese Sicht leugnet, daß Auslegung (auch) Dezision sein könne. Dieses Leugnen ist aber nur sachlich gerechtfertigt, wenn unbestimmte Gesetzesbegriffe, welche sich nur über eine exekutive Dezision auslegen lassen, vor dem verfassungsrechtlichen Rechtsnormvorbehalt keinen Bestand haben und deshalb für eine Auslegung ohnehin nicht in Betracht kommen, weil sie nichtig sind. Die wertende Dezision in der Abwägung gegenläufiger Interessen und Gesichtspunkte obliegt allein dem Normgeber, welcher die „Rechtsnorm im Sinne des Art. 12 I 2 GG" setzt.
Wie schon dargestellt wurde (S. 24), beruht die Entscheidung zwischen einem System individualisierter Beurteilungen und einem System generalisierter Beurteilungen über Mindestuntersuchungszahlen sowie die Festlegung der konkreten Zahlenhöhe auf wertenden Dezisionen. Daher muß hier mit dem Bestimmtheitsgrundsatz Ernst gemacht werden.
Daß dem so ist, findet in dem schon zitierten Beschluß des Bundesverfassungsgerichts vom 14. 7. 1987 (BVerfGE 76, 171) zu den Richtlinien des anwaltlichen Standesrechts seine spezielle Bestätigung. In früheren Entscheidungen (BVerfGE 26, 186; 36, 212; 57, 121; 66, 337) hatte es das Bundesverfassungsgericht zugelassen, daß sich die anwaltliche Berufsgerichtsbarkeit für die Berufspflichten an Richtlinien orientierte, welche nicht den Rechtscharakter von Satzungen hatten. ***Weniger*** dezisionistisch als die Richtlinien über den Inhalt der Weiterbildung mit ihren Mindestuntersuchungszahlen verstehen sich die anwaltlichen Richtlinien als bloß ***deklaratorische*** Feststellungen einer vorhandenen communis opinio über die Standespflichten in der Rechtsanwaltschaft. Unter Hinweis auf den Rechtsnormenvorbehalt des Art. 12 I 2 GG hat es das Bundesverfassungsgericht nunmehr als unzulässig angesehen, aus den Richtlinien rechtliche Konsequenzen zum Nachteil der Berufsfreiheit abzuleiten. Ebensowenig wie nachkonstitutionelles Gewohnheitsrecht [vgl. BVerfGE 22, 114 (121)] sei eine

vorhandene communis opinio kein Tatbestand, welcher per se die Berufsfreiheit einschränke. Es sei vielmehr Sache des Normgebers, zu prüfen und zu entscheiden, ob die Einschränkung der Berufsfreiheit, welche im Gefolge der communis opinio eintreten solle, jeweils durch vernünftige Gründe des Gemeinwohls gerechtfertigt werde und ob die vom Grundsatz der Verhältnismäßigkeit gesetzten Grenzen eingehalten würden.

BVerfGE 76, 171 (188).

Vor diesem Hintergrund sieht das Bundesverfassungsgericht selbst bei einer communis opinio nur die Möglichkeit, die Berufspflichten „durch eine Berufsordnung in Gestalt von Satzungsrecht" im einzelnen festzulegen.

BVerfGE 76, 171 (189).

Entsprechendes muß erst recht für die Festlegung von Mindestuntersuchungszahlen im Weiterbildungsrecht gelten, hinter welcher keine communis opinio steht und welche daher wesentlich stärker wertungsabhängig ist als die Feststellung einer communis opinio.

cc) Allerdings läßt sich der Bestimmtheitsgrundsatz nicht stets strikt durchhalten. Der Gesetzgeber ist (nur) „gehalten, seine Regelungen so bestimmt zu fassen, wie dies nach der Eigenart der zu ordnenden Lebenssachverhalte und mit Rücksicht auf den Normzweck möglich ist."

So BVerfGE 49, 168 (181).

Daher dürfen „an die tatbestandliche Fixierung ... keine nach der konkreten Sachlage unerfüllbaren Anforderungen gestellt werden. ... Der Grad der jeweils zu fordernden Bestimmtheit einer Regelung hängt ... von der Eigenart des geregelten Sachverhalts ab, insbesondere auch davon, in welchem Umfang der zu regelnde Sachbereich einer genaueren begrifflichen Umschreibung überhaupt zugänglich ist".

So BVerfGE 56, 1 (12f.).

Wenn das von der Sache her geboten ist, muß der Bestimmtheitsgrundsatz also großzügiger gehandhabt werden. Aber für die Ausgangsproblematik ist keiner der Sachgründe einschlägig, für welche das Bundesverfassungsgericht eine großzügigere Handhabung des Bestimmtheitsgrundsatzes zuläßt.
„Geringere Anforderungen sind vor allem bei vielgestaltigen Sachverhalten zu stellen."

BVerfGE 49, 89 (133) unter Berufung auf BVerfGE 11, 234 (237); 21, 1 (4); 28, 175 (183).

Als Beispiel sind etwa bestimmte Generalklauseln des Steuerrechts zu nennen, über welche der Vielgestaltigkeit der möglichen Sachverhalte und der Vielfalt möglicher Gestaltungsmöglichkeiten Rechnung getragen werden muß.

Siehe etwa BVerfGE 13, 153 (164); 21, 1 (4) – „außergewöhnliche Belastungen" –; 48, 210 (222).

Ein weiteres Beispiel ist § 2 I 2 AusländerG („Beeinträchtigung von erheblichen Belangen der Bundesrepublik Deutschland"). Wegen der Komplexheit und Vielschichtigkeit des Ausländerproblems und wegen der Dynamik, welche in diesem Problem steckt, hat das Bundesverfassungsgericht selbst diese Generalklausel als noch hinreichend bestimmt angesehen.

BVerfGE 76, 1 (75); 49, 168 (182).

Hinter der Festlegung von Mindestzahlen für bestimmte Untersuchungen in der Weiterbildung verbirgt sich demgegenüber kein „vielgestaltiger Sachverhalt", welchem nur über eine generalklauselartige Regelung Rechnung getragen werden könnte. Die Festlegung der Mindestzahlen in den Richtlinien über den Inhalt der Weiterbildung zeigt, daß der Sachverhalt ohne weiteres hinreichend bestimmt regelbar *ist. Wenn* er konkret geregelt werden kann (und geregelt werden soll), hat das wegen des verfassungsrechtlichen Rechtsnormenvorbehalts (Satzungsvorbehalts) mit dem Bestimmtheitsgrundsatz aber eben in der Satzung der Kammerversammlung/Vertreterversammlung und nicht durch Richtlinien des Vorstandes zu geschehen.
Das Stichwort „dynamisches Geschehen" leitet über zu einer zweiten Fallgruppe, für welche das Bundesverfassungsgericht geringere Anforderungen an den Bestimmtheitsgrundsatz stellt: „wenn zu erwarten ist, daß sich die tatsächlichen Verhältnisse rasch ändern werden."

BVerfGE 49, 89 (133) unter Berufung auf BVerfGE 8, 274 (326); 14, 245 (251).

Beispiele sind die regelmäßige Weiterentwicklung der Persönlichkeit des Täters in ihrer Relevanz für Urlaubsregelungen im Strafvollzug [BVerfGE 64, 261 (280)] oder schnell wechselnde Situationen des wirtschaftlichen Lebens bei Eingriffsermächtigungen für die Exekutive im Wirtschaftsrecht.

BVerfGE 8, 273 (326).

Durch das Fortschreiten der medizinischen Wissenschaft und der Medizintechnik können sich zwar auch die Einzelanforderungen ändern, welche an die Weiterbildung zu stellen sind. Aber es handelt sich nicht – wie in den vom Bundesverfassungsgericht entschiedenen Fällen – um Veränderungen, welche den Verzicht auf eine konkrete Satzungsregelung *notwendig* machen müßten. Überspitzt ausgedrückt: Die Mindestuntersuchungszahlen sind durch die Weiterentwicklung von Wissenschaft und Technik nicht schon überholt, wenn sie in eine Weiterbildungsordnung Aufnahme gefunden haben. Die Grundfrage ist, *ob* Mindestzahlen festgelegt werden sollen oder ob das wegen der ständigen Bewegung in der medizinischen Wissenschaft und Untersuchungstechnik unterbleiben sollte. *Wenn* aber eine Regelung erfolgt, ist dafür nach dem Grundgesetz im gegenwärtigen Kontext der Satzungsgeber und nicht der Vorstand der Ärztekammern kompetent. Später etwa notwendigen Veränderungen kann der Satzungsgeber in gleicher Weise wie der Vorstand Rechnung tragen. Es handelt sich um längerfristige Entwicklungen in der Medizin und Technik, welche sich in der internistischen Praxis erst nach und nach durchsetzen und welche daher in den Rechtsnormen über die Weiterbildung auch nicht „von heute auf morgen" durch den schnell handlungsfähigen Vorstand umgesetzt werden müßten, sondern ohne weiteres der Umsetzung durch den (schwerfälligeren) Satzungsgeber überlassen bleiben können.
Damit ist gleichzeitig die Abgrenzung der Ausgangsproblematik zu einer weiteren Fallgruppe gezogen, für welche das Bundesverfassungsgericht den Bestimmtheitsgrundsatz auflockert: für den Bereich der Vorsorge im technischen Sicherheitsrecht.

Die Exekutive ist besser ausgerüstet als der Gesetzgeber, um im Vollzug des Vorsorgeprinzips im vielschichtigen und verzweigten Problembereich technischer Fragen, die in Bewegung sind, Sicherheitsstandards festzulegen. Die *gesetzliche* Fixierung solcher Standards wäre daher für den materiellen Grundrechtsschutz eher ein Weniger als ein Mehr: „Die gesetzliche Fixierung eines bestimmten Sicherheitsstandards durch die Aufstellung starrer Regeln würde ..., wenn sie sich überhaupt bewerkstelligen ließe, die technische Weiterentwicklung wie die ihr jeweils angemessene Sicherung der Grundrechte eher hemmen als fördern. Sie wäre ein Rückschritt auf Kosten der Sicherheit."

So BVerfGE 49, 89 (137).

Ob hieraus sogar folgt, daß - wie BVerwGE 72, 300 (315ff.) annimmt - die Sicherheitsstandards durch Verwaltungsvorschriften festgelegt werden können, erscheint eher fraglich. Das Bundesverfassungsgericht hat wohl die Fixierung durch Rechtsverordnung der Exekutive im Auge.

Siehe die Erwähnung der Rechtsverordnung in BVerfGE 49, 89 (137). - Mit einer Rechtsverordnung würde der grundrechtliche Rechtsnormenvorbehalt nicht aufgegeben.

Aber das kann dahinstehen. Für die Entscheidung der Frage, ob der Nachweis eingehender Kenntnisse und Erfahrungen in den einschlägigen Untersuchungsmethoden im Rahmen individueller Beurteilungen oder über Mindestuntersuchungszahlen erbracht werden soll und wie hoch diese Mindestuntersuchungszahlen angesetzt werden sollen, ist der Satzungsgeber so oder so nicht prinzipiell schlechter ausgerüstet als der Vorstand.

Aus diesem Grund kann man die Vorstandsrichtlinien zu den Mindestuntersuchungszahlen auch nicht - wie bestimmte Verwaltungsvorschriften im technischen Sicherheitsrecht [etwa zur Festlegung von Grenzwerten im Immissionsschutzrecht; dazu BVerfGE 55, 250 (255f.)] als „antizipiertes Sachverständigengutachten" rechtfertigen. Es ist schon nicht ersichtlich, daß die Mindestuntersuchungszahlen auf einem *Sachverständigen*urteil beruhen (dazu S. 35ff.). Sonst gilt *allgemein:* Technische Grenzwerte, welche als *Sachverständigen*urteil ausgegeben werden, beruhen mit auf *Wertungen.*

Siehe etwa Sendler, UPR 1981, 1ff., unter Berufung auf Papier.

Auch als „antizipierte Sachverständigengutachten" sind Verwaltungsvorschriften daher nur zulässig, wenn die zugrundeliegende Gesetzesvorschrift den Anforderungen genügt, welche der Vorbehalt des Gesetzes an ihre Bestimmtheit stellt. Nach dem Gesagten ist die (Muster)weiterbildungsordnung mit ihrer zitierten Passage aber nicht hinreichend bestimmt, um auf sie die Einführung von Mindestuntersuchungszahlen stützen zu können.

Schließlich sind vor dem Bestimmtheitsgrundsatz verhältnismäßig vage Generalklauseln zulässig, wenn es um die Benotung von Prüfungsleistungen oder um sonstige persönliche Beurteilungen geht. Die Verordnung über eine Noten- und Prüfungsskala für die Erste und Zweite juristische Prüfung vom 3. 12. 1981 (BGBl. I S. 1243) definiert die Note „befriedigend" z. B. als „durchschnittliche Leistung".

Derartige unbestimmte Gesetzesbegriffe stehen indessen im Zusammenhang mit dem skizzierten System individualisierter Beurteilungen im Prüfungs- und Beurteilungswesen. Entsprechend ist es vom Bestimmtheitsgrundsatz her unbedenklich, wenn die (Muster)weiterbildungsordnung im Zusammenhang mit dem System individueller Beurteilungen für das Anerkennungsverfahren ohne weitere Konkretisierungen den Nachweis „eingehender Kenntnisse und Erfahrungen" in den fraglichen Untersuchungsmethoden verlangt. Aber in diesem Fahrwasser befinden sich die Richtlinien über den Inhalt der Weiterbildung nicht. Sie *entscheiden* vielmehr dezisionistisch zwischen dem (bisherigen) System individueller Beurteilungen und dem System genereller Mindestuntersuchungszahlen, wobei sie auch noch die Höhe der Mindestuntersuchungszahlen festlegen. Diese Dezision obliegt nach dem Rechtsnormenvorbehalt (Satzungsvorbehalt) des Art. 12 I 2 GG der Kammerversammlung/Vertreterversammlung als Satzungsgeber, nicht aber dem Vorstand der Kammer.

3. Teil
Methodische Anforderungen an das „innere“ Verfahren zur Festsetzung von Mindestuntersuchungszahlen

Im nachfolgenden ist zu untersuchen, wie der Satzungsgeber methodisch vorgehen müßte, wenn *er* die Richtlinien des Vorstandes der Bundesärztekammer über den Inhalt der Weiterbildung (Mindestuntersuchungszahlen) in die Weiterbildungsordnung der Kammer aufnehmen möchte. Dabei geht es um methodische Anforderungen an das „innere“ *Verfahren* der Satzungs*gebung auf dem Weg zum* Satzungsbeschluß. Wie später zu begründen sein wird, ergeben sich auch schon diese methodischen Anforderungen aus den Grundrechten (s. S. 39). Von den methodischen Anforderungen an das Verfahren der Satzungs*gebung* ist die ganz andere Frage zu unterscheiden, ob der schließlich gefaßte Satzungs*beschluß selbst* mit höherrangigem Recht, insbesondere mit den Grundrechten, vereinbar wäre. Diese Frage wird erst im 4. Teil der Arbeit untersucht.
Den methodischen Anforderungen wäre auch der Vorstand der Ärztekammer unterworfen, wenn *er* die Mindestuntersuchungszahlen in Kammerrecht umsetzen dürfte.

I. Methodische Anforderungen und methodische Defizite

1. Die methodischen Anforderungen in idealtypischer Betrachtung

Jede Verlängerung der Mindestweiterbildungszeit ist ein besonders intensiver Eingriff in das Grundrecht der Berufsfreiheit (Einzelheiten dazu S. 43ff.).

(1) Ob der Satzungsgeber die erhebliche Verlängerung der Mindestweiterbildungszeit in Kauf nimmt, kann er eigenverantwortlich und rational nur entscheiden, wenn er sich Klarheit darüber verschafft, *warum* der Status quo verlassen werden soll und der intensive Grundrechtsbegriff nötig ist. Entscheidende Beurteilungs*grundlage* ist also der Status quo. Es muß ermittelt werden, ob das bisherige System individueller Beurteilungen zu Mißständen geführt hat und führt. Ein Mißstand läge einerseits vor, wenn das bisherige System aus der praktischen Erfahrung heraus nicht gewährleisten würde, daß der Weiterzubildende die von der Weiterbildungsordnung geforderten *„eingehenden* Kenntnisse und Erfahrungen“ *tatsächlich* erwirbt. Ein Mißstand läge andererseits vor, wenn sich belegen ließe, daß das bisherige System individueller Beurteilungen zu Ungerechtigkeiten zwischen den Weiterzubildenden oder zu Divergenzen zwischen den Beurteilungen (Zeugnissen) der weiterbildenden Ärzte und der Prüfungsausschüsse im Anerkennungsverfahren geführt hätte. Wenn der Satzungsgeber darauf verzichten würde, sich einen möglichst umfassenden Einblick in den Status

quo zu verschaffen, und sich statt dessen mit unbelegten Vermutungen begnügte, würde er die Verlängerung der Weiterbildung in unzulässiger Weise blind in Kauf nehmen.

(2) Hat sich ergeben, daß ein Handlungsbedarf besteht (s. oben (1)), dem durch die Festlegung von Mindestuntersuchungszahlen begegnet werden soll, geht es um deren konkrete Höhe. Es läßt sich nicht mit mathematischer Genauigkeit zahlenmäßig exakt ermitteln, wieviele Untersuchungen ein durchschnittlicher Weiterzubildender bei typisierender Betrachtung durchführen muß, damit er „eingehende Kenntnisse und Erfahrungen“ zur jeweiligen Untersuchungsmethode erwirbt. Wie schon angedeutet wurde (S. 24), kommen verschiedene Urteilende je nach persönlicher Erfahrung und Wertung zu ganz unterschiedlichen Zahlen. Es besteht eine große Bandbreite von Mindestuntersuchungszahlen, welche alle den Anforderungen an die Weiterbildung genügen können.
Eigenverantwortlich und rational kann der Satzungsgeber nur entscheiden, wenn ermittelt worden ist, wo die Bandbreite von unten her beginnt und nach oben hin abschließt. Die Ermittlung dieser Bandbreite ist eine Frage der *Diagnose* zum *tatsächlich* Erforderlichen. Die Diagnose*grundlage* läßt sich nur aus der Erfahrung von Internisten bestimmen, welche sich in der Vergangenheit intensiv um die Weiterbildung gerade in der fraglichen Untersuchungsmethode gekümmert haben. Dieser Fachverstand kann über die Befragung einer gehörigen Zahl dieser Internisten und/oder über eine Stellungnahme der für Weiterbildungsfragen geschaffenen fachkompetenten Gremien der internistischen Fachgesellschaften ermittelt werden.

(3) Ist sich der Satzungsgeber darüber im klaren, wo die Bandbreite möglicher Mindestuntersuchungszahlen von unten her beginnt und nach oben hin aufhört, hat er zu entscheiden, wie weit er diese Bandbreite ausnutzt. Diese Entscheidung darf nicht mit Blick *allein* auf das Ziel getroffen werden, die Weiterbildung zu optimieren. Vielmehr muß der Satzungsgeber auch die Grundrechtsrelevanz im Blick haben und in einer *Abwägung* mit der Grundrechtsposition der Weiterzubildenden entscheiden, wie weitgehend er die Bandbreite möglicher Mindestuntersuchungszahlen nach oben hin ausnutzt. Eine Entscheidung des Satzungsgebers, welche Art. 12 I GG nicht im Blick hat, sondern von vornherein *allein* den Weiterbildungsaspekt sieht, ist vom inneren Verfahren her defizitär und damit rechtswidrig.

Auf vergleichbarer Linie wirft BVerfGE 76, 196 (209f.) einer Anwaltskammer vor, daß sie in einem standesrechtlichen Disziplinarverfahren auf dem Wege zur Entscheidung die Abwägung mit der Grundrechtsrelevanz der inkriminierten Handlung des Anwalts unterlassen habe.

(4) Um in der gebotenen Abwägung die Grundrechtsrelevanz „richtig“ gewichten zu können, muß der Satzungsgeber sich Klarheit darüber verschaffen, in welchem Umfang Mindestuntersuchungszahlen die Dauer der Weiterbildung verlängern würden. Denn danach bemißt sich die Intensität des Grundrechtseingriffs. Wie weit sich die Weiterbildungszeit verlängern würde, wenn das bisherige System individueller Beurteilungen durch Mindestuntersuchungszahlen in bestimmter Größenordnung abgelöst würde, ist eine Frage der Prognose. Grundlage für diese Prognose ist die Ermittlung, wieviele medizinisch indizierte Untersuchungsfälle im Bereich der einschlägigen Untersuchungsmethoden in der Masse der Weiterbildungsstätten nach der Erfahrung anzufallen pflegen. Die Zahl dieser Untersuchungsfälle läßt sich nur über eine Umfrage

bei den einschlägigen Weiterbildungsstätten, vielleicht auch über Statistiken der gesetzlichen Krankenkassen, ermitteln.
Allerdings ist diese Zusammenstellung der Anforderungen an das Verfahren der Satzungsgebung nur idealtypisch gemeint. In der *Praxis* der Satzungsgebung kann die Einhaltung der idealtypischen Maßstäbe nur insoweit gefordert werden, als die Kammerversammlung/Vertreterversammlung vernünftigerweise dazu in der Lage ist.

Insbesondere ist die Kammerversammlung/Vertreterversammlung nicht darauf verpflichtet, alle zu (1) bis (4) beschriebenen Ermittlungen, Diagnosen, Prognosen und Abwägungen *originär* selbst vorzunehmen. Die Kammerversammlung/Vertreterversammlung kann vielmehr auf „fremde" Vorarbeiten, auch auf Vorarbeiten und Wertungen der Weiterbildungsorgane und des Vorstandes der *Bundesärztekammer*, zurückgreifen und sich ihnen anschließen. Voraussetzung hierfür ist aber, daß die erforderlichen Ermittlungen, Diagnosen, Prognosen und Abwägungen im Bereich der Bundesärztekammer in methodisch hinreichender Weise stattgefunden haben *und* dies alles für die Kammerversammlung/Vertreterversammlung hinreichend durchsichtig ist. Denn so oder so ist *ihre eigenverantwortliche rationale* Entscheidung gefordert. Der „blinde" Vollzug von Entscheidungen und Empfehlungen der Bundesärztekammer genügt nicht den Anforderungen an die Methodik der Satzungsgebung im „inneren" Verfahren der Satzungsgebung.

2. Bisheriges Fehlen der geforderten Entscheidungsgrundlage

Die Musterweiterbildungsordnung des Deutschen Ärztetages ist in (wohl) allen ihren Teilen und in dem Verfahren, in welchem sie (vom Deutschen Ärztetag) beschlossen worden ist, so durchsichtig, daß die Kammerversammlung/Vertreterversammlung ohne weiteres über eine Entscheidungsgrundlage verfügt, um rational und autonom über die Übernahme dieser Musterweiterbildungsordnung als Weiterbildungssatzung der Kammer entscheiden zu können.
Bei den Mindestuntersuchungszahlen in den Richtlinien des Vorstandes der Bundesärztekammer über den Inhalt der Weiterbildung ist die Ausgangssituation grundlegend anders. Diese Mindestuntersuchungszahlen sprechen nicht für sich und sind weder in ihrer sachlichen Berechtigung (Bruch mit dem Status quo) noch in ihrer konkreten Höhe aus sich heraus durchsichtig. Diese Mindestuntersuchungszahlen kann die Kammerversammlung/Vertreterversammlung daher nur übernehmen, wenn sie die beschriebenen Ermittlungen, Diagnosen, Prognosen und Abwägungen originär selbst anstellt *oder* wenn für sie hinreichend durchsichtig ist, daß und wie die Weiterbildungsgremien der Bundesärztekammer und/oder der Vorstand die Aufgabe der Ermittlung, Diagnose, Prognose und Abwägung wahrgenommen haben. Daß und wie diese Aufgaben im Bereich der Bundesärztekammer hinreichend „vollwertig" erledigt worden sind, ist für die Kammerversammlung/Vertreterversammlung der Ärztekammer gegenwärtig aber nicht erkennbar. Aufklärung gibt insbesondere auch nicht das eingangs (S. 8f.) wörtlich wiedergegebene Schreiben des Präsidenten der Bundesärztekammer vom 26. 4. 1988. Dieses Schreiben zeigt nicht, daß der Vorstand der Bundesärztekammer sich der intensiven Grundrechtsrelevanz seines Vorschlages bewußt war. Die Verlängerung der Weiterbildungszeit wird vielmehr ohne jede Abwägung mit ihrer Grundrechtsrelevanz als zwangsläufige Folge der Mindestuntersuchungszahlen einfach hingenommen.

Gegen den Status quo der individuellen Beurteilungen wird im Schreiben indirekt polemisiert. Denn das Schreiben weist auf die Aufgabe der Bundesärztekammer hin, gewährleisten zu müssen, „daß Ärzte, welche eine Gebietsbezeichnung führen, in ihrem Gebiet hervorragend weitergebildet und damit in der Lage sind, die zu diesem Gebiet gehörenden Leistungen fachlich einwandfrei zu erbringen.“ Außerdem wird auf die fehlende Möglichkeit hingewiesen, die individuelle Beurteilung zu überprüfen. Daß die Bundesärztekammer den Status quo wirklich hat analysieren lassen und über Belege verfügt, daß die befürchteten Mißstände im Status quo *tatsächlich* aufgetreten sind oder auftreten werden, wird im Schreiben nicht sichtbar. Angesichts der Grundrechtsintensität der Neuregelung ist den methodischen Anforderungen an ein rationales Verfahren nach dem Gesagten aber nicht Genüge getan, solange nicht wenigstens versucht worden ist, eine tragfähige Grundlage für Diagnosen zum Status quo zu finden.
Zur konkreten Höhe der Mindestuntersuchungszahlen nimmt das Schreiben des Präsidenten der Bundesärztekammer mit keinem Wort Stellung. In ihrer Höhe scheinen die Mindestuntersuchungszahlen schlicht „gegriffen“ oder „ausgehandelt“ worden zu sein.
Aber diesen Eindrücken, welche das Schreiben des Präsidenten der Bundesärztekammer vermittelt, braucht nicht weiter nachgegangen zu werden. Nicht erst der „Beweis“, daß das „innere“ Verfahren, welches bei der Bundesärztekammer stattgefunden hat, defizitär *war*, hindert die Kammerversammlung/Vertreterversammlung der Ärztekammern, die Mindestuntersuchungszahlen ohne weiteres zu übernehmen. Bereits die Tatsache, daß das „innere“ Verfahren der Bundesärztekammer nicht *offenliegt*, hindert die Kammerversammlung/Vertreterversammlung, ohne originäre Ermittlungen, Diagnosen, Prognosen und Abwägungen auf Erkenntnisse und Abwägungen aus dem „inneren“ Verfahren bei der Bundesärztekammer zurückzugreifen.

II. Hinreichende Methodik der Entscheidungsfindung als Gebot des Rechts

In allem entsprechen die beschriebenen Anforderungen an das „innere“ Verfahren der Entscheidungsfindung nicht nur Geboten einer rationalen Methodik. Es handelt sich auch um Gebote des Rechts. Ohne hinreichende Entscheidungsgrundlage und ohne hinreichende Abwägungen Mindestuntersuchungszahlen festzusetzen, ist der Satzungsgeber *rechtlich* gehindert.

1. Die Entwicklung des Gedankens in Literatur und Rechtsprechung

Daß das Recht Anforderungen nicht nur an das Entscheidungs*ergebnis,* sondern auch an den *Vorgang* der Entscheidungs*findung* stellt, ist für das Verwaltungsermessen seit eh und je anerkannt. Den „äußeren“ Ermessensfehlern werden herkömmlich „innere“, „subjektive“ Ermessensfehler wie Belieben, Antipathie, Sachfremdheit, „détournement de pouvoir“, Ermessensunterschreitung usw. zur Seite gestellt.

Erste systematische Darstellung schon bei W. Jellinek, Gesetz, Gesetzesanwendung und Zweckmäßigkeitserwägung, 1913, S. 331 ff. Katalogartige Zusammenstellung etwa bei Stern, Ermessen und unzulässige Rechtsausübung, 1964, S. 35 ff.

Ein „äußerer" Ermessensfehler läßt sich aus der *getroffenen* Ermessens*entscheidung* ablesen; diese Entscheidung verstößt gegen höherrangiges Recht. Die „inneren" Ermessensfehler kann man nur erkennen, wenn man Einblick in den Verfahrensgang auf dem Weg zur Entscheidung nimmt, also ermittelt, welche Verwaltungsbeamten beteiligt waren (Antipathie), welche Motive sie hatten (Sachfremdheit, „détournement de pouvoir"), ob sie alle relevanten Gesichtspunkte herangezogen haben (Belieben) und ob ihnen überhaupt bewußt war, daß ihnen ein Ermessensspielraum eingeräumt war (Ermessensunterschreitung).

Systematisiert man die „inneren" Ermessensfehler, können Defizite auf 3 Stufen vorkommen: (1) Die Behörde hat irrtümlich ein vorhandenes Ermessen nicht betätigt, weil sie glaubte, ein Ermessensspielraum sei nicht vorhanden oder enger, als er in Wirklichkeit ist (Ermessensunterschreitung). (2) Die Behörde hat nicht alle entscheidungsrelevanten Tatsachen und Gesichtspunkte ermittelt und als Entscheidungsmaterial in die Abwägung einbezogen (Ermittlungs- und Heranziehungsdefizit) oder (umgekehrt) Gesichtspunkte berücksichtigt, die im Kontext der Ermächtigung nicht berücksichtigt werden durften (Heranziehungsüberhang). (3) Die Behörde hat das Für und Wider nicht wirklich gegeneinander abgewogen, sondern etwa das Los entscheiden lassen oder unter dem Einfluß persönlicher Laune, Voreingenommenheit, Antipathie, Schikane oder Schädigungsabsicht gehandelt (Abwägungsdefizit). Hierher gehört auch das Vorschieben „an sich" sachgemäßer Gründe zur Erreichung eines anderen, von der Ermächtigungsnorm nicht gedeckten Zwecks (détournement de pouvoir). (Schwerdtfeger, Öffentliches Recht in der Fallbearbeitung, 8. Aufl. 1986, Rn. 99.)

Diese „inneren" Ermessensfehler sind *Verfahrens*defizite. Ihnen korrespondieren also rechtliche Anforderungen an das Verfahren der Ermessensbetätigung wie insbesondere die Ermittlungs- und Heranziehungspflicht und die Abwägungspflicht.

So besonders deutlich BVerwGE 48, 56 (63f.); 56, 110 (122f.); 67, 74 (für planfeststellende Verwaltungsakte).

Die Verfahrensbindungen gelten für die Ermessens*verwaltung* allgemein, also nicht nur, wenn sie ihr Einzelfallermessen betätigt, sondern auch, wenn sie Verwaltungsvorschriften oder Rechtsverordnungen erläßt. Denn das Ermessen des Verordnungsgebers unterliegt im Prinzip den gleichen Bedingungen wie das Ermessen der Verwaltung beim Erlaß von Verwaltungsakten.

Ausführlich so Zuleeg, DVBl. 1970, 187.

Auch das „innere" Normsetzungsverfahren des Verordnungsgebers unterliegt also den beschriebenen Bindungen (Ermittlungsgebot, Heranziehungsgebot, Abwägungsgebot).

Siehe z. B. BVerfGE 56, 298 (319).

Für Satzungen hat vor allem das Bundesverwaltungsgericht die Verfahrensbindungen im Zusammenhang mit der kommunalen Bauleitplanung aktualisiert.

BVerwGE 45, 309 (312f.) = DVBl. 1974, 777 (vollständigerer Abdruck); 47, 144 (146); 64, 33 (35) („Ausdruck eines verfassungsrechtlichen Gebots", des „Rechtsstaatsgebots des Art. 20 III GG"); BGHZ 66, 322.

Im „Numerus-clausus-Urteil" des Bundesverfassungsgerichts [BVerfGE 33, 303 (344)] finden sich entsprechende Anhaltspunkte für kapazitätsbeschränkende Universitätssatzungen. Im Zusammenhang mit diesen Satzungen formuliert das Bundesverfassungsgericht: „Ob ... Zulassungsbeschränkungen auf ausreichende, dem jeweiligen

Stand der Erfahrungen entsprechenden Ermittlungen und Prüfungen beruhen, unterliegt der verwaltungsgerichtlichen Kontrolle“. (Wie später im einzelnen darzustellen sein wird (S. 44), hätten Mindestuntersuchungszahlen in der Weiterbildungsordnung ebenfalls kapazitätsbeschränkende Wirkungen.)
In der Rechtsprechung der Verfassungsgerichte finden sich Präjudizien, daß auch die staatlichen *Parlamente* (Bundestag, Landtage der Länder) den Verfahrensbindungen unterworfen sind. Einerseits sind die Verfahrensbindungen von der kommunalen Selbstverwaltungsgarantie her für Gesetze zur kommunalen Neugliederung herangezogen worden.

VerfGH NW, DVBl. 1976, 381; NJW 1976, 2209; VerfGH Rheinland-Pfalz, DVBl. 1969, 799; Staatsgerichtshof Baden-Württemberg, NJW 1975, 1205ff.; Niedersächsischer Staatsgerichtshof, DVBl. 1974, 520. Dem hat sich das *Bundesverfassungsgericht* angeschlossen; BVerfGE 50, 50 (51f.).

In der Rechtsprechung des Bundesverfassungsgerichts finden Anforderungen an das *innere* Gesetzgebungs*verfahren* aber auch *allgemeine* Erwähnung.

Überblick über die etwas schwankende Rechtsprechung des Bundesverfassungsgerichts bei Schwerdtfeger, Festschrift für Ipsen, S. 175f.; Gusy, ZRP 1985, 291 (292ff.).

So formuliert BVerfGE 39, 210 (226): „Die verfassungsrechtliche Prüfung erstreckt sich zunächst darauf, ob der Gesetzgeber sich die Kenntnis von der zur Zeit des Erlasses des Gesetzes bestehenden Ausgangslage in korrekter und ausreichender Weise verschafft hat.“

Auf gleicher Ebene liegt es, wenn BVerfGE 19, 340 dem Gesetzgeber eine gewisse Darlegungslast auferlegte.

Das „Mitbestimmungsurteil“ formuliert, daß an Prognosen des Gesetzgebers „von Verfassungs wegen“ Anforderungen zu stellen seien [BVerfGE 50, 290 (332)], und betont dann in der Einzeldurchführung dieses Gedankens: Für Prognosen gilt der Maßstab der Vertretbarkeit. „Dieser Maßstab verlangt, daß der Gesetzgeber sich an einer sachgerechten und vertretbaren Beurteilung des erreichbaren Materials orientiert hat. Er muß die ihm zugänglichen Erkenntnisquellen ausgeschöpft haben, um die voraussichtlichen Auswirkungen seiner Regelung so zuverlässig wie möglich abschätzen zu können und einen Verstoß gegen Verfassungsrecht zu vermeiden. Es handelt sich ... um Anforderungen des Verfahrens.“

So BVerfGE 50, 290 (333f.); ähnlich BVerfGE 65, 1 (55).

Zwar läßt das Bundesverfassungsgericht unerörtert, welche *Rechtsfolgen* eintreten, wenn das Verfahren der Prognose defizitär war. Denn das Gericht nahm an, der Gesetzgeber des Mitbestimmungsgesetzes habe für seine Prognose zur Wirkung der erweiterten Mitbestimmung auf die wirtschaftliche Betätigung der Unternehmen das erreichbare Material als Prognose*grundlage* hinreichend herangezogen.

Möglicherweise hätte sich das Bundesverfassungsgericht bei verfahrensmäßig fehlerhafter Prognose nur nicht dem „Vertretbarkeitsspielraum“ des Gesetzgebers unterworfen, sondern eigene Prognosen angestellt.

Aber Unklarheiten zur *Sanktion* im *Gefolge* einer Pflicht*verletzung* hindern nicht, *daß* den Gesetzgeber die Pflicht trifft.

Auch für die Ausgangsproblematik kommt es nicht darauf an, welche Sanktion eintritt, wenn der Satzungsgeber ohne hinreichende Methodik Mindestuntersuchungszahlen in die Weiterbildungsordnung aufgenommen hat, ob diese Satzungsänderung etwa nichtig wäre. Denn in der Ausgangsproblematik steht die Normsetzung noch bevor (Verankerung von Mindestuntersuchungszahlen in den Weiterbildungsordnungen). Das Normgebungsverfahren muß in seiner inneren Methode *von vornherein* nach den skizzierten rechtlichen Anforderungen ablaufen. Nur dann darf die Änderung der Weiterbildungsordnung staatlich genehmigt werden.

Überlegungen zur Frage der Sanktion allgemein bei Schwerdtfeger, Optimale Methodik der Gesetzgebung als Verfassungspflicht, in: Festschrift für Hans Peter Ipsen, 1977, S. 173 (186f.); für Satzungen der Bauleitplanung haben §§ 214ff. BauGB das Problem positivrechtlich gelöst.

2. *Dogmatische Verankerung*

Ihre einheitliche dogmatische Verankerung finden die rechtlichen Anforderungen an die Methodik der Entscheidungsfindung bei der Einzelfallentscheidung wie bei der Normgebung (heutzutage) in den Grundrechten. Im Kontext mit Grundrechten stehen insbesondere auch die zitierten Aussagen des Bundesverfassungsgerichts, wenn auch die Einzelableitung nicht voll durchsichtig ist.

Konsequent erscheint eine dogmatische Ableitung aus dem Vorbehalt der Gesetze: Der Grundrechtsschutz wird dadurch relativiert, daß der Normgeber über den „Gesetzesvorbehalt" in die Grundrechte eingreifen darf. Ob und warum er eingreifen will, entscheidet der Normgeber, nicht ein Gericht, welches dem Gesetz ex post tragfähige Gründe unterlegt oder solche Gründe nachschiebt. Ohne Verfahrensbindungen für das Normgebungsverfahren würden die Grundrechte der gesetzgeberischen Gestaltungsfreiheit lediglich *negativ* äußerste *Grenzen* setzen, hinter denen die Norm *inhaltlich* mit dem Grundgesetz unvereinbar wäre. Die Verfahrensbindungen disziplinieren die ermessende und gestaltende Tätigkeit selbst: Der Grundrechtseingriff ist erst zulässig, wenn das innere Normgebungsverfahren so rational wie möglich abgelaufen ist. So vermitteln erst die Verfahrensbindungen dem Grundrechtsträger *durchgehenden* Schutz gegen gesetzgeberische Willkür. Ihnen kommt *zentrale* Bedeutung zu.

Eingehender zu allem Schwerdtfeger, Optimale Methodik der Gesetzgebung als Verfassungspflicht, in: Festschrift für Hans Peter Ipsen, 1977, S. 173ff.

3. *Verpflichtung des staatlichen Gesetzgebers (Parlamente) auf eine optimale Methodik als (einzig) strittiger Bereich*

Soweit ersichtlich, wird die rechtliche Verpflichtung des *Verordnungsgebers* und des *Satzungsgebers* auf eine hinreichende Methodik der Entscheidungsfindung in der Literatur und in der Rechtsprechung nicht angezweifelt. Strittig ist nur, ob (auch) die staatlichen *Parlamente* als Gesetzgeber verfassungsrechtlichen Anforderungen an das „innere" Gesetzgebungsverfahren unterliegen. Die Diskussion ist insoweit durch den eben erwähnten Beitrag des Verfassers dieser Abhandlung zur „Optimalen Methodik der Gesetzgebung als Verfassungspflicht" in der Ipsen-Festschrift ausgelöst worden.

Gewisse Irritationen und Mißverständnisse hat die Formulierung „*Optimale* Methodik der Gesetzgebung" ausgelöst, weil optimal mit maximal verwechselt worden ist. Optimal meint *nicht* die einseitige, überzogene Anwendung der beschriebenen Grundsätze „ohne Rücksicht auf Verluste", sondern ihre sinnvolle Handhabung bei sensibler Einpassung in die politischen Bedingungen (ausdrücklich betont a.a.O., S. 188), denen das Gesetzgebungsverfahren (auch) untersteht. Demgemäß richten sich die Bedenken, welche in der Literatur geäußert worden sind, weniger gegen die Grundgedanken des Beitrags als gegen Einzelheiten der Ausformulierung.

So auch die Einschätzung von Dopatka, RuP 1984, 15.

Daß „verfassungsrechtliche Mindeststandards für eine rationale gesetzgeberische Entscheidung" [Formulierung von Kloepfer, VVDStRL 40 (1981), S. 90] nach dem Grundgesetz gefordert sind, ist eine in der Staatsrechtswissenschaft heute weitgehend geteilte Erkenntnis.

Kloepfer, a.a.O.; Breuer, Der Staat 16 (1977), S. 40ff.; Lerche, in: Lerche/Schmitt Glaeser/Schmidt-Aßmann, Verfahren als staats- und verwaltungsrechtliche Kategorie, 97ff.; Hill, Jura 1986, 291ff.; derselbe, Das fehlerhafte Verfahren und seine Folgen im Verwaltungsrecht, 1986, S. 63ff.; H.P. Schneider, NJW 1980, 2103 (2106); Ossenbühl, VVDStRL 39, 189, 190.

Allerdings finden sich auch Stimmen in der Literatur, welche die Lehre von den Verfassungsbindungen des Gesetzgebers im „inneren" Gesetzgebungsverfahren und damit auch die entsprechenden Ansätze in der Rechtsprechung des Bundesverfassungsgerichts radikal ablehnen.

Schlaich, VVDStRL 39 (1981), S. 108ff.; derselbe, JuS 1982, 602ff.; Gusy, ZRP 1985, 296 (298ff.); H.J. Koch, DVBl. 1983, 1130; Dopatka, RuP 1984, 16; Merten in seinem Vortrag „Optimale Methodik der Gesetzgebung als Sorgfalts- oder Verfassungspflicht?", welcher die hinreichende Methodik aber jedenfalls als eine Art „Obliegenheit" des Gesetzgebers mit Folgerungen für die Beweislastverteilung im Verfassungsprozeß (vgl. nachfolgend S. 49f.) ansieht; s. den Tagungsbericht DVBl. 1988, 777.

Diese Ablehnung wird aber über die staatsrechtliche Stellung des *Parlaments* als autonomes demokratisches Organ begründet. Für die Zwecke der vorliegenden Arbeit kann eine Auseinandersetzung mit dieser Ablehnung unterbleiben. Denn die Kammerversammlung/Vertreterversammlung der Ärztekammer ist als Satzungsgeber kein Parlament im staatsrechtlichen Sinne und ist diesem auch nicht vergleichbar.

4. Fehlende Parlamentseigenschaft der Kammerversammlung/Vertreterversammlung als Satzungsgeber

Nichtstaatliche öffentlichrechtliche Körperschaften und ihre *gesamte* Tätigkeit werden regelmäßig der *Exekutive* zugerechnet. Wie alle nichtstaatlichen öffentlichrechtlichen Körperschaften sind auch die Ärztekammern Erscheinungen der „ursprünglichen politischen Idee der Selbst*verwaltung,* die auf die Heranziehung der Staatsbürger zur Erfüllung *administrativer* Aufgaben gerichtet ist", „auf der politischen Idee freiheitsverwirklichender staatsbürgerschaftlicher Mitgestaltung und Mitverantwortung im Bereich der *Exekutive* beruht".

So Reinhard Hendler, Selbstverwaltung als Ordnungsprinzip, 1984, S. 272 (Hervorhebung nicht im Original).

Demgemäß sind die Kammerversammlungen/Vertreterversammlungen der Ärztekammern, obwohl sie unmittelbar vom Verbandsvolk der Ärzte gewählt werden und kraft ihrer Satzungsgewalt Normen setzen, im Rechtssinne keine Parlamente, sondern nur kollegiale Beschlußorgane einer *Verwaltungsgröße.*

So für die kommunalen Vertretungskörperschaften M. Schröder, Grundlagen und Anwendungsbereiche des Parlamentsrechts, 1979, S. 37ff.; Schmidt-Jortzig, Kommunalrecht, 1982, Rn. 71ff.; Schmidt-Aßmann, in: v. Münch, Besonderes Verwaltungsrecht, 8. Aufl. 1988, S. 140f.; Wolff/Bachof/Stober, Verwaltungsrecht II, 5. Aufl. 1987, § 86 Rn. 134. Nach der Einschätzung von Schmidt-Jortzig, a.a.O., Fn. 40 ist das ganz allgemeine Meinung.

Zwar schaffen die Kammer*wahlen* der Kammerversammlung/Vertreterversammlung eine demokratische *Legitimation.* Aber das ist die demokratische Legitimation für ein *Verwaltungs*organ, nicht für ein Parlament. Nach dem Demokratieprinzip des Grundgesetzes bedarf alle öffentliche Gewalt, auch die öffentlichrechtliche Tätigkeit nichtstaatlicher öffentlichrechtlicher Körperschaften, der demokratischen Legitimation. Nach Art. 20 II 2 GG verfügt nicht nur das Parlament, sondern auch die staatliche Exekutive über eine demokratische Legitimation. Realiter wird sie dort *mittelbar* über das parlamentarische Regierungssystem (Verantwortlichkeit der Regierung gegenüber dem Parlament) vermittelt. Für die unmittelbar vom Verbandsvolk gewählten Vertreterversammlungen der öffentlichrechtlichen Körperschaften als *Exekutivorgane* wird die demokratische Legitimation *unmittelbar* vermittelt. Der von der Vertreterversammlung gewählte Vorstand ist dann wiederum nur mittelbar demokratisch legitimiert. Weil die staatliche Exekutive nur mittelbar legitimiert ist, kann ihr die Normsetzung nur unter den strengen Voraussetzungen des Art. 80 I GG überlassen werden. Wenn der staatliche Gesetzgeber nichtstaatlichen öffentlichrechtlichen Körperschaften die Autonomie zum Erlaß (*exekutiver*) Satzungen verleiht, ist er demgegenüber nicht an die strengen Voraussetzungen des Art. 80 I GG gebunden, weil der körperschaftliche Satzungsgeber, die Vertreterversammlung, eben *unmittelbar* demokratisch legitimiert ist.

Dazu grundlegend BVerfGE 21, 54 (62f.).

(Daß die Verleihung der Satzungsautonomie gleichwohl den Anforderungen genügen muß, welche der bereits erwähnte „Facharztbeschluß" des Bundesverfassungsgerichts [BVerfGE 33, 125 (157)] stellt, steht auf einem anderen Blatt.)

Damit gilt: Die beschriebenen Bindungen für das innere Normgebungsverfahren ergeben sich aus den Grundrechten. Sie können nur neutralisiert werden durch andere *Verfassungs*normen. Selbst wenn man annimmt, daß die Normen des Grundgesetzes über die *staatlichen* Parlamente (Stellung des Parlaments) das grundrechtlich „an sich" Gebotene neutralisieren, sind für die Satzungsgebung der Ärztekammern keine entsprechenden verfassungsrechtlichen Gegennormen vorhanden. Die Normen des Grundgesetzes über die Stellung der Legislative (Parlament) beziehen sich allein auf die staatliche Legislative. Ihre (allenfalls) analoge Anwendung auf die Kammerversammlungen/Vertreterversammlungen der Ärztekammern kommt schon deshalb nicht in Betracht, weil diese Organe keine Parlamente, sondern *exekutive* Verwaltungsorgane sind. Weil also keine verfassungsrechtlichen Gegennormen vorhanden sind, ist die (exekutive) Satzungsgebung den grundrechtlichen Bindungen für das innere Satzungsgebungsverfahren *voll* unterworfen.

III. Ergebnis

Also ergibt der 3. Teil dieser Arbeit: Für den Satzungsgeber der Ärztekammern ist nicht ersichtlich, daß die Mindestuntersuchungszahlen, welche der Vorstand der Bundesärztekammer vorschlägt, auf hinreichenden Ermittlungen, Diagnosen, Prognosen und Abwägungen zu den entscheidungsrelevanten Tatsachen und Gesichtspunkten beruhen. Damit fehlt dem Satzungsgeber die Entscheidungsgrundlage, um *rational* und *autonom* über die Übernahme der Mindestuntersuchungszahlen in die Weiterbildungsordnung entscheiden zu können, wie es das Grundgesetz verlangt. Übernimmt ein Satzungsgeber die Mindestuntersuchungszahlen gleichwohl „blind", entscheidet er rechtswidrig unter Mißachtung der verfassungsrechtlichen Anforderungen an die Methodik seiner Entscheidungsfindung. Ein solches Verhalten hat der Satzungsgeber zu unterlassen. Eine gleichwohl beschlossene Änderung der Weiterbildungsordnung darf von der staatlichen Aufsichtsbehörde nicht genehmigt werden.

4. Teil
Mindestuntersuchungszahlen als intensiver Eingriff in die Berufsfreiheit

I. Intensität des Eingriffs

1. Verlängerung der Weiterbildung

Reichen die Zahl der medizinisch indizierten Untersuchungen oder die Zahl der Apparaturen oder das Personal nicht aus, damit der Weiterzubildende die Mindestzahl der fraglichen Untersuchungen auf den bisher vorhandenen Weiterbildungsplätzen in der Mindestweiterbildungszeit von 6 Jahren erfüllen kann, verlängert sich die Zeit bis zur Anerkennung als Gebietsarzt. Das gilt unabhängig davon, *was* die Weiterbildungsstätten unternehmen, um den Mangel zu verwalten. Bleibt die bisherige Zahl der Weiterbildungsplätze erhalten, verlängert sich die Weiterbildungszeit als solche. Reduzieren die Weiterbildungsstätten die Zahl der Ausbildungsplätze, um auf diesen Plätzen die Weiterbildung dann trotz der gestiegenen Untersuchungszahlen in 6 Jahren „durchziehen" zu können, entstehen Wartezeiten bis zum Beginn der Weiterbildung. Das Resultat, daß die Anerkennung als Gebietsarzt erst verspätet erworben werden kann, ist auf beiden Wegen gleich.

In dieser zeitlichen Verlängerung liegt ein besonders intensiver Eingriff in das Grundrecht der Berufsfreiheit. Nach § 3 I Nr. 4 und 5 der Bundesärzteordnung in der Fassung vom 16. 4. 1987 (BGBl. I, S. 1218) muß der angehende Arzt schon bis zur Approbation mindestens 6 Jahre für sein Studium und anschließend 2 Jahre für die Tätigkeit als Arzt im Praktikum einsetzen. Bei einer Mindestweiterbildungszeit von (weiteren) 6 Jahren muß der Arzt nach der Reifeprüfung also bereits nach dem gegenwärtigen Rechtszustand mindestens 14 Jahre seines „Ausbildung- und Berufslebens" aufwenden, um sein Berufsziel, die Anerkennung als Gebietsarzt der Inneren Medizin, zu erreichen. Schon heute aber kommt kaum ein angehender Gebietsarzt mit diesen 14 Jahren aus. Die 14 Jahre verlängern sich typischerweise durch Numerus-clausus-bedingte Wartezeiten vor dem Studium, durch Verlängerungen des Studiums, weil nicht bestandene Prüfungen wiederholt werden mußten, sowie evtl. auch durch das Warten auf einen Weiterbildungsplatz.

In der bisherigen rechtswissenschaftlichen Diskussion um staatliche/akademische Ausbildungs- und Prüfungsordnungen führt Art. 12 I GG ein Schattendasein. Man verweist auf die Regelungsbefugnis des Gesetzgebers nach Art. 12 I 2 GG, wonach der Gesetzgeber für die Berufsfreiheit *konstitutiv* regele. Das, was für den Beruf an Kenntnissen und Fähigkeiten als erforderlich angesehen werde, ergebe sich weitgehend nicht aus irgendwelchen vorgegebenen Lebensverhältnissen oder gar aus der Natur der Sache, sondern werde durch die Ausbildungs- und Prüfungsordnungen erst selbst bestimmt und festgelegt.

Dazu Hans-Joachim Strauch, Staatliche und akademische Prüfungsordnungen, Verfassungsrechtliche Analyse eines Steuerungsinstruments, 1978, S. 96ff.

BVerfGE 13, 97 (118) gestattet einen „gewissen, sich in vernünftigen Grenzen haltenden ‚Überschuß' an Ausbildungs- und Prüfungsanforderungen ..., zumal die darin liegende ‚unnötige' Freiheitsbeschränkung durch den Zuwachs an beruflichen Chancen und sozialem Ansehen in gewissem Sinne kompensiert wird". Das alles ist richtig, solange sich die Dauer der Ausbildung in vertretbarem Rahmen hält. Soweit ersichtlich, haben die zitierten Aussagen nur derartige Fälle im Auge. Die Problematik schlägt aber um, wenn die zeitliche Dauer der Ausbildung exzessiv ansteigt. Mit den vorstehenden Daten ist die Medizinerausbildung hierfür ein Beispiel par excellence. Je länger eine Ausbildung dauert, um so stärker wandelt sich die Berufsfreiheit *konstituierende* Regelung in einen *Eingriff* in die Berufsfreiheit. Mit den beschriebenen 14 Jahren liegt bereits heute ein intensiver Grundrechtseingriff vor. Er verstärkt sich mit jedem Monat, um welchen sich die Ausbildung – über eine Verlängerung von Weiterbildungszeiten – weiter in die Länge streckt.
Das gilt schon aus der Sicht *der* weiterbildungswilligen Ärzte, welche das Glück haben, trotz der Probleme mit den Mindestuntersuchungszahlen letztendlich einen Weiterbildungsplatz zu *finden* und also die Anerkennung als Gebietsarzt letztendlich doch noch erreichen zu *können.*

2. *Numerus-clausus-Wirkung*

Daneben stehen weiterbildungswillige Ärzte, welche keinen Weiterbildungsplatz mehr erhalten werden. Denn gleichzeitig entsteht ein Numerus clausus für Weiterbildungsplätze. Bleibt die bisherige Zahl an Weiterbildungsplätzen unverändert erhalten, verlängert sich aber die Weiterbildungszeit, bleiben die Weiterbildungsplätze entsprechend länger besetzt. Auf der gleichen Zahl von Weiterbildungsplätzen können also nur noch weniger Weiterbildungswillige ausgebildet werden. Wer keinen Weiterbildungsplatz erhält, kann sein Berufsziel „Internist" nicht erreichen.
Gleiches gilt, wenn die Weiterbildungsstätten die bisherige Zahl von Weiterbildungsplätzen reduzieren, um die Weiterbildung auf den verbleibenden Plätzen nach wie vor in 6 Jahren „durchziehen" zu können. Jetzt bleibt der Weiterbildungsplatz zwar nur – wie bisher – 6 Jahre lang besetzt. Aber es stehen eben weniger Weiterbildungsplätze zur Verfügung. Weil weniger Weiterbildungsplätze als bisher vorhanden sind, garantiert auch das Abwarten keinen Weiterbildungsplatz. Also müssen auch nach diesem Modell Weiterbildungswillige auf die Erreichung ihres Berufszieles „Internist" verzichten. Der Numerus clausus ist im Bereich des Ausbildungswesens der intensivste Eingriff in die Berufsfreiheit schlechthin (näheres S. 47).
Wegen der Intensität des Grundrechtseingriffs fehlt dem Satzungsgeber in der Abgrenzung seiner Zuständigkeit zur Zuständigkeit des staatlichen Gesetzgebers einerseits die *Kompetenz,* die fraglichen Mindestuntersuchungszahlen festzusetzen (s. nachfolgend Abschn. II). Selbst wenn das innere Verfahren der Satzungsgebung den methodischen Anforderungen entsprechen würde (soeben 3. Teil), wäre der Satzungsgeber damit *von vornherein* nicht zuständig. Andererseits (nachfolgend Abschn. III)

wird sich herausstellen, daß der intensive Eingriff in die Berufsfreiheit auch materiellrechtlich gesehen gegen Art. 12 I GG verstoßen würde.

II. Parlamentsvorbehalt („Facharztbeschluß")

1. Die Grundsätze des „Facharztbeschlusses"

In den bisherigen Ausführungen wurde mit dem Facharztbeschluß des Bundesverfassungsgerichts belegt, daß dem Gesetzesvorbehalt des Art. 12 I 2 GG im *Prinzip* Genüge getan ist, wenn der Gesetzgeber die Regelungskompetenz an die Bundesärztekammer delegiert, ihr also Satzungsautonomie verleiht. „Die grundgesetzliche Ordnung setzt der Verleihung und Ausübung von Satzungsgewalt jedoch bestimmte Grenzen."

BVerfGE 33, 125 (157); bestätigend hierzu und zum Nachfolgenden: BVerfGE 33, 171 (183ff.); 36, 212 (216f.); 38, 373 (381); 71, 162 (172); 76, 171 (184f.).

Diese Grenzen folgen „sowohl aus dem Prinzip des Rechtsstaats wie aus der Demokratie".

BVerfGE 33, 125 (158).

Der demokratische Ansatz kann nachfolgend vernachlässigt werden. Es geht um den rechtsstaatlichen Aspekt. Er dient der präventiven Verhütung von Machtmißbrauch bei Eingriffen in den Grundrechtsbereich.

BVerfGE 33, 125 (158).

Konkretisierend formuliert der „Facharztbeschluß" [BVerfGE 33, 125 (159f.)]:

> Es ist zu „berücksichtigen, daß die Rechtssetzung durch Berufsverbände spezifische Gefahren für die Betroffenen ... mit sich bringen kann. Zum Nachteil der Berufsanfänger und Außenseiter kann sie ein Übergewicht von Verbandsorganen oder ein verengtes Standesdenken begünstigen. ... Solchen Gefahren, die der Freiheit des einzelnen durch die Macht gesellschaftlicher Gruppen drohen, vorzubeugen und die Interessen von Minderheiten ... zu wahren, gehört mit zu den Funktionen des Gesetzesvorbehalts". (Gemeint ist hier im Kontext der Entscheidung der Gesetzesvorbehalt zugunsten des *staatlichen* Parlaments.)

Wie weitgehend der (staatliche) Gesetzgeber die relevanten Einzelheiten selbst festlegen muß, beurteilt sich nach der ***Intensität des Grundrechtseingriffs.*** Speziell für Art. 12 I GG entwickelt der „Facharztbeschluß" insoweit folgende Grundsätze [BVerfGE 33, 125 (160)]:

> Ob ... ein Berufsverband zu berufsregelnden Rechtssetzungen ermächtigt werden darf und welche Anforderungen im Einzelfall an die Ermächtigung zu stellen sind, hängt von der jeweiligen Intensität des Eingriffs ab. Die in der verfassungsrechtlichen Rechtsprechung entwickelte, am Grundsatz der Verhältnismäßigkeit ausgerichtete Stufentheorie [vgl. BVerfGE 7, 377 (401ff.); 23, 50 (56); 21, 1 (11f.)] kann entsprechend herangezogen werden. Sie ergibt als leitendes Prinzip, daß Regelungen, die die Freiheit der Berufs*wahl* und dadurch sogar schutzwürdige Interessen von Nichtmitgliedern (Berufsanwärtern) berühren, insofern also den Kreis „eigener" Angelegenheiten überschreiten, vom Gesetzgeber selbst getroffen werden müssen; allenfalls Einzelfragen fachlich-technischen Charakters können in dem vom Gesetzgeber gezogenen Rahmen auch durch Satzungsrecht eines Berufsverbandes geregelt werden. Handelt es sich hingegen um Berufsregelungen, die lediglich in die Freiheit der Berufs*ausübung* von Mitgliedern eines Verbandes eingreifen,

bestehen keine grundsätzlichen Bedenken dagegen, diesen Verband zur Normgebung zu ermächtigen. *Aber auch hier* muß das zulässige Maß des Eingriffs in den Grundrechtsbereich um so deutlicher in der gesetzlichen Ermächtigung bestimmt werden, je empfindlicher die freie berufliche Betätigung beeinträchtigt, je *intensiver* eine auf Dauer angelegte Lebensentscheidung des einzelnen ... berührt" wird.

2. *Grundrechtseingriff durch zeitliche Verlängerung der Weiterbildung*

Nach dem Gesagten ist die Verlängerung der Zeit, in welcher der Weiterbildungswillige die Anerkennung als Gebietsarzt erreichen kann, schon für *die* Weiterbildungswilligen ein intensiver Eingriff in die Berufsfreiheit, welche letztendlich einen Weiterbildungsplatz finden. Dabei kann hier dahinstehen, ob dieser Eingriff die Freiheit der Berufs*wahl* oder die Freiheit der Berufs*ausübung* einschränkt. Auch wenn es sich („nur") um einen Eingriff in die Berufsausübung handelt, führt die Intensität des Eingriffs nach den zitierten Grundsätzen des Facharztbeschlusses dazu, daß der staatliche Gesetzgeber (Landesparlament) und nicht der Satzungsgeber über die Verlängerung der Weiterbildung zu entscheiden hat.

Allerdings enthalten die Heilberufsgesetze/Kammergesetze/Ärztekammergesetze schon bisher eine Aussage zur zeitlichen Dauer der Weiterbildung: „Die Weiterbildung in den Gebieten darf drei Jahre nicht unterschreiten" (§ 35 II NHKG). Nimmt man diese Aussage wörtlich, ist dem Satzungsgeber die Rechtsmacht verliehen, die Weiterbildungszeit beliebig lang festzulegen, wenn sie nur *mindestens* 3 Jahre beträgt. Aber eine solche Blankoermächtigung an den Satzungsgeber würde den Grundsätzen des Facharztbeschlusses (Gesetzesvorbehalt zugunsten des staatlichen Parlaments) widersprechen. Nach diesen Grundsätzen muß der staatliche Gesetzgeber dem Satzungsgeber nicht nur eine Mindestzeit der Weiterbildung, sondern im Art. 12 GG-sensiblen Bereich der zeitlichen Streckung gerade auch eine Höchstdauer der Weiterbildung vorschreiben. Nach den Grundsätzen der verfassungskonformen Auslegung kann man annehmen, daß die Heilgerufsgesetze/Kammergesetze/Ärztekammergesetze der Länder mit der zitierten Bestimmung zwischen den Zeilen auch eine derartige Höchstgrenze festgelegt *haben.* Der Gesetzgeber hat in Kenntnis der Musterweiterbildungsordnungen der Bundesärztekammer gehandelt. Längere Mindestweiterbildungszeiten als eine Zeit von 6 Jahren waren in den Weiterbildungsordnungen offenbar noch nie üblich. Eine derart lange Weiterbildungszeit galt seit eh und je – soweit ersichtlich – auch nur für die Chirurgie, Pathologie, Neurochirurgie, Neuropathologie und für die Innere Medizin. Alle anderen Weiterbildungszeiten waren kürzer. Vor diesem Hintergrund sah der Gesetzgeber *vor allem* Anlaß, mit der zitierten Bestimmung *zu* kurze Weiterbildungszeiten zu verhindern. Davon, daß die Mindestweiterbildungszeit *höchstens* 6 Jahre betrage, ging der Gesetzgeber als selbstverständlich aus. *Diese* Höchstzeit von 6 Jahren *billigte* er *konkludent.* Dafür, daß der Gesetzgeber eine noch längere Weiterbildungszeit zugestanden haben könnte, findet sich im Gesetz kein Anhalt. Wenn eine Weiterbildungsordnung ausdrücklich oder „auf kaltem Wege" verursacht, daß typischerweise mehr als 6 Jahre bis zur Anerkennung als Gebietsarzt vergehen, fehlt die *dafür* erforderliche gesetzgeberische Entscheidung des staatlichen Parlaments. Also darf der Satzungsgeber nicht entsprechend handeln.

3. Numerus clausus und Parlamentsvorbehalt

Wie dargestellt wurde, wirken sich die Mindestuntersuchungszahlen für diejenigen weiterbildungswilligen Ärzte, welche keinen Weiterbildungsplatz finden, als Numerus clausus aus. Die quantitative Verlängerung der Weiterbildung schlägt für *diese* Ärzte qualitativ in eine objektive Sperre für die Tätigkeit als Gebietsarzt der „inneren Medizin" um.
Der Numerus clausus für das Medizin*studium* ist ein intensiver Eingriff in das der Berufswahl vorgelagerte Recht auf freie Wahl der Ausbildungsstätte und damit in die Berufs*wahl*freiheit.

BVerfGE 33, 303 (336).

Ob der *Gebietsarzt* ein eigener Beruf oder eine Art der Ausübung des ärztlichen Berufes ist, läßt das Bundesverfassungsgericht im Facharztbeschluß dahingestellt.

BVerfGE 33, 125 (161).

„Doch selbst man auch für den Bereich des Art. 12 GG an der Einheit des ärztlichen Berufs festhält, die Tätigkeit des Facharztes also nur als eine besondere Form der Berufsausübung innerhalb des einheitlichen Arztberufs ansieht, läßt sich nicht verkennen, daß der Entscheidung, sich dieser Tätigkeit zu widmen, Elemente innewohnen, die einer *Berufswahl nahekommen.* Der Entschluß, sich zum Facharzt auszubilden und die ärztliche Tätigkeit künftig auf das gewählte Fachgebiet zu beschränken, ist in aller Regel auf Dauer angelegt, er ist eine Lebensentscheidung" [so BVerfGE 33, 125 (161)].

Wenn die Entscheidung für den Erwerb der Anerkennung als Gebietsarzt und damit für die Weiterbildung zum Gebietsarzt einer Berufswahl jedenfalls *nahekommt,* kommt auch der beschriebene Numerus clausus einem Eingriff in die Berufswahl jedenfalls nahe. Soweit es um die Berufs*wahl* geht, streicht der Facharztbeschluß des Bundesverfassungsgerichts (in seinen vorn wörtlich wiedergegebenen Ausführungen) den Parlamentsvorbehalt ganz besonders heraus. Eine Ermächtigung, die Mindestweiterbildungszeiten so zu strecken, daß dadurch faktisch ein Numerus clausus für Weiterbildungsplätze hervorgerufen wird, enthalten die Heilberufsgesetze/Kammergesetze/Ärztekammergesetze der Länder nicht. Also würde der Satzungsgeber außerhalb einer notwendigen Ermächtigung handeln und damit gegen den Parlamentsvorbehalt verstoßen, wenn er über die Festlegung von Mindestuntersuchungszahlen einen Numerus clausus an Weiterbildungsplätzen bewirkte. Vom Numerus clausus her ist die Kompetenzüberschreitung *besonders* signifikant.

III. Materiellrechtliche Grenzen für eine zeitliche Verlängerung der Weiterbildung aus Art. 12 I GG (Grundsatz der Verhältnismäßigkeit/Proportionalität)

1. Theoretischer Ansatz

Wenn der einem Grundrecht beigegebene Gesetzesvorbehalt den Gesetzgeber/Satzungsgeber ermächtigt, in das Grundrecht einzugreifen, läuft der materielle Grundrechtsschutz damit nicht leer. Denn trotz des Gesetzesvorbehalts ist der

Gesetzgeber/Satzungsgeber nach Art. 1 III GG an das Grundrecht gebunden. Nach der ständigen Rechtsprechung des Bundesverfassungsgerichts

zusammenfassend etwa BVerfGE 67, 157 (173ff.); Schwerdtfeger, Öffentliches Recht in der Fallbearbeitung, 8. Aufl. 1986, Rn. 564ff.

ist die Einschränkung daher im Lichte der besonderen Bedeutung des Grundrechts zu sehen. Es findet eine Wechselwirkung in dem Sinne statt, daß das Grundrecht zwar über den Gesetzesvorbehalt durch Gesetz/Satzung eingeschränkt werden darf, dieses Gesetz/Satzung aber seinerseits die wertsetzende Bedeutung des Grundrechts berücksichtigen muß. Daraus folgt nach der ständigen Rechtsprechung des Bundesverfassungsgerichts im einzelnen: Der Gesetzgeber muß ein bestimmtes, verfassungsmäßiges Ziel verfolgen. Bezogen auf dieses Ziel muß der Grundrechtseingriff geeignet sein, das Ziel zu fördern. Es darf kein milderes Mittel geben, über welches das Ziel gleich wirksam verfolgt werden kann. „Bei einer Gesamtabwägung zwischen der Schwere des Eingriffs und dem Gewicht sowie der Dringlichkeit der ihn rechtfertigenden Gründe muß die Grenze der Zumutbarkeit noch gewahrt sein" (Proportionalität, Grundsatz der Verhältnismäßigkeit im engeren Sinne).

BVerfGE 67, 157 (178) mit weiterem Nachw.

Bezogen auf den Grundsatz der Verhältnismäßigkeit (im engeren Sinne) entsteht so eine steigende Linie: Je intensiver der Grundrechtseingriff ist, um so gewichtiger und dringlicher müssen die ihn rechtfertigenden Gemeinwohlgründe sein.
(Nur) für Art. 12 I GG gelten diese Grundsätze seit dem „Apothekenurteil" des Bundesverfassungsgerichts in der Gestalt der „Dreistufentheorie".

BVerfGE 7, 377 (405ff.).

Nach dieser Theorie ist die Berufs*ausübung* schon beschränkbar, „soweit vernünftige Erwägungen des Gemeinwohls es zweckmäßig erscheinen lassen". Die Freiheit der Berufs*wahl* ist durch *subjektive* Zulassungsvoraussetzungen einschränkbar nur „zum Schutz besonders wichtiger (‚überragender') Gemeinwohlgüter". Einschränkungen der Berufs*wahl* durch *objektive* Zulassungsbedingungen sind nur möglich, wenn „nachweisbare oder höchstwahrscheinliche schwere Gefahren für ein überragend wichtiges Gemeinschaftsgut diesen Eingriff legitimieren können".
Diese Aussagen beziehen sich auf den Grundsatz der Verhältnismäßigkeit im engeren Sinne (Proportionalität). Das Apothekenurteil integriert aber auch die Frage nach der Eignung und nach dem milderen Mittel in die Dreistufentheorie. Eine Regelung auf der intensiveren Eingriffsstufe ist nur zulässig, wenn sich auf der vorhergehenden Stufe keine gleich wirksame Regelung treffen läßt.

BVerfGE 7, 377 (408).

Mit diesem Ansatz entsteht der Eindruck, als wenn das Bundesverfassungsgericht im Rahmen des Grundsatzes der Verhältnismäßigkeit an die Stelle der beschriebenen steigenden Linie eine Stufung setzte. In einer solchen Stufung würde es bei Abgrenzungsschwierigkeiten auf die begriffsjuristische Einordnung ankommen, ob ein Eingriff noch die Berufsausübung betrifft und also den erleichterten Eingriffsvoraussetzungen unterfällt oder ob bereits ein Eingriff in die Berufswahl vorliegt, welcher nur zugunsten eines erheblich gewichtigeren Gemeinwohlgutes zulässig ist. Aus späteren Entscheidungen des Bundesverfassungsgerichts folgt indessen, daß dieser Eindruck nicht zutrifft. Das Bundesverfassungsgericht hebt die Einzelanforderungen an den Grundrechtseingriff auch schon innerhalb der einzelnen Stufen, vor allem bei Eingriffen in die Berufsausübung, gleitend an. Am Ende der unteren Stufe werden vom Gewicht und von der Dringlichkeit der eingriffslimitierenden öffentlichen Interessen her schon die Anforderungen gestellt, welche an sich erst auf der neuen Stufe zu stellen wären. Andeutungsweise schon im Apothekenurteil [s. BVerfGE 7, 377 (406)] und deutlich seit BVerfGE 30, 292 (316ff.) hebt das Bundesverfassungsgericht hervor: Die Berufsfreiheit darf auch schon auf der Stufe der freien Berufs*ausübung* nur dann eingeschränkt werden, wenn zusätzlich zum Gemeinwohlgrund, welcher ohnehin vorliegen muß, der Grundsatz der Verhältnismäßigkeit gewahrt ist. Der Gesetzgeber „muß den Eingriff in das Grundrecht mit sachgerechten und vernünftigen Erwägungen des Gemeinwohls *begründen* können". „Das vom Gesetzgeber eingesetzte Mittel muß geeignet und erforderlich sein, um den erstrebten Zweck zu erreichen". „Bei einer Gesamtabwägung zwischen der Schwere des Eingriffs und dem Gewicht und der Dringlichkeit der ihn rechtfertigenden Gründe muß die Grenze der Zumutbarkeit noch gewahrt sein."

So wörtlich zu allem BVerfGE 30, 292 (316ff.). Siehe ferner etwa BVerfGE 36, 47 (59); 53, 135 (144); 57, 121 (136); 61, 291 (312); 68, 272 (282); 71, 162 (173); 72, 26 (31); 76, 196 (207).

Gerade (nur) wegen dieser Methodik ist es dem Bundesverfassungsgericht auch möglich, in der schon beschriebenen Weise (vgl. S. 47) im Einzelfall auf eine exakte begriffliche Abgrenzung von Berufsausübung und Berufswahl zu verzichten und darauf abzustellen, daß ein Eingriff in die Berufsfreiheit einer Regelung der Berufswahl jedenfalls *nahekomme.*

So geht das Bundesverfassungsgericht etwa vor in BVerfGE 25, 1 (12); 30, 292 (313); 33, 125 (161).

2. Anwendung auf die Ausgangsproblematik

Angewendet auf die Ausgangsproblematik (Verlängerung der Weiterbildungszeit durch Mindestuntersuchungszahlen und Numerus-clausus-Wirkung) führen diese Grundsätze zu folgenden Ergebnissen.

a) Fehlende Belege für die Notwendigkeit der Neuregelung

Wenn Gemeinwohlgründe einer hinreichend intensiven Gebietsarztausbildung zu solch hohen Mindestuntersuchungszahlen führen sollen, daß sich dadurch die Weiterbildungszeit verlängert, muß der Gesetzgeber (Satzungsgeber) einerseits die Änderung des Status quo (Abgehen vom System individueller Beurteilungen) und andererseits die Höhe der Untersuchungszahlen jedenfalls „*begründen* können".

BVerfGE 30, 292 (316), soeben zitiert.

Wie dargestellt wurde, verfügt der Gesetzgeber bisher nicht über *Daten,* aus welchen sich ergeben könnte, daß das System individueller Beurteilungen nicht nur in der

Theorie, sondern *tatsächlich* ungeeignet ist, den Anforderungen der Weiterbildung zu genügen. Wenn ein Mißstand im Status quo nicht wenigstens *belegt* werden kann, gestattet es der Grundsatz der Verhältnismäßigkeit nicht, den Status quo zugunsten einer Neuregelung aufzugeben, welche über die zeitliche Komponente zu Grundrechtseingriffen der beschriebenen Intensität führt. Entsprechendes gilt für die Höhe der Untersuchungszahlen, von welcher die Intensität des Grundrechtseingriffs mit abhängt. Insgesamt gilt:
Solange der Gesetzgeber nicht in methodisch einwandfreier Weise zu den Mindestzahlen gekommen ist, kann er seiner Begründungsobliegenheit im Rahmen des Grundsatzes der Verhältnismäßigkeit nicht genügen. Hier schließt sich der Kreis zu den verfassungsrechtlichen Anforderungen an die Methodik des „inneren“ Gesetzgebungsverfahrens.

Im Sinne einer derartigen beweislastrelevanten Obliegenheit wird die Methodik teilweise selbst von Literaturstimmen herangezogen, welche eine *rechtliche* Verpflichtung des staatlichen Parlaments auf die Methodik ablehnen, s. S. 40.

b) Grenze der Zumutbarkeit

Wenn sich die Notwendigkeit zu einer Änderung des Status quo hinreichend belegen läßt und wenn die *Bandbreite* sachlich „richtiger“ Mindestuntersuchungszahlen ermittelt worden ist (s. dazu S. 34), würde es nach dem Grundsatz der Verhältnismäßigkeit „an sich“ die Aufgabe des Gesetzgebers sein, die Belange der Weiterbildung zur Intensität des Grundrechtseingriffs ins Verhältnis zu setzen und also in Abwägung mit den Grundrechtsbelangen eine konkrete Mindestuntersuchungszahl festzulegen. Denn der Vorbehalt des *Gesetzes* bedeutet gerade auch, daß politisch wertend der Gesetzgeber und nicht ein Gericht das Gemeinwohlgut und den Grundrechtseingriff zueinander „ins Verhältnis setzt“. Gleichwohl setzt der Grundsatz der Verhältnismäßigkeit dem Gesetzgeber eine absolute, gerichtlich überprüfbare Grenze. Wie das Bundesverfassungsgericht in älteren Urteilen formuliert, darf das Abwägungsergebnis vom Grundsatz der Verhältnismäßigkeit her nicht *„offensichtlich* fehlsam“ sein.

BVerfGE 13, 97 (105, 107); 24, 367 (406) - beide zu Art. 12 I GG.

Kriterien dafür, wann eine Wertabwägung als „offensichtlich fehlsam“ anzusehen ist, sind vom Bundesverfassungsgericht nicht *im einzelnen* entfaltet worden. Offenbar will das Bundesverfassungsgericht dieses Problem aber mit seiner bereits zitierten Formel in den Griff nehmen, „bei der Gesamtabwägung zwischen der Schwere des Eingriffs und dem Gewicht sowie der Dringlichkeit der ihn rechtfertigenden Gründe“ müsse „die *Grenze der Zumutbarkeit noch* gewahrt sein“. Indem das Bundesverfassungsgericht sich auf die Untersuchung beschränkt, ob „die *Grenze* der Zumutbarkeit *noch* gewahrt ist“, hält es offenbar in der Sache an seiner ursprünglichen Linie fest, die Entscheidung des Gesetzgebers nur bei „offensichtlich fehlsamer“ Wertabwägung zu korrigieren. Das Kriterium „Grenze der *Zumutbarkeit*“ ist *einerseits* aus der Schwere der Grundrechtsbetroffenheit zu bestimmen.

Vorschläge, den Gedanken der Zumutbarkeit so sogar abschließend zu verorten, bei Jörn Lücke, Die (Un-)Zumutbarkeit als allgemeine Grenze öffentlichrechtlicher

Pflichten des Bürgers, 1973, S. 55ff.; demselben, DÖV 1974, 769ff.; Ossenbühl, Zumutbarkeit als Verfassungsmaßstab, in: Festgabe zum 10jährigen Jubiläum der Gesellschaft für Rechtspolitik, 1984, S. 320ff., mit weiterem Nachw.

Gleichzeitig ist die Zumutbarkeit aber auch in der Relation zu den Belangen des Rechtsgutes zu bestimmen, welche über die Grundrechtseinschränkung zur Geltung gebracht werden sollen.

In Anwendbarkeit dieser „Zumutbarkeitslehre“ ist der Gesetzgeber von Art. 12 I GG her gehindert, die beschriebene Bandbreite von sachlich „richtigen“ Mindestuntersuchungszahlen auszunutzen oder gar „auszureizen“. Er muß sich vielmehr mit *der* Mindestuntersuchungszahl begnügen, bei welcher die Bandbreite von unten her beginnt. So wird den Belangen der Weiterbildung als Gemeinwohlgut schon sachlich „richtig“ Rechnung getragen. Angesichts der Intensität des Eingriffs in die Berufsfreiheit wäre es für den weiterbildungswilligen Grundrechtsträger im Sinne der Rechtsprechung des Bundesverfassungsgerichts unzumutbar, wenn höhere Mindestuntersuchungszahlen festgelegt würden. Angesichts der schon ohnehin überlangen Ausbildung bis zum Erwerb der Anerkennung als Gebietsarzt gilt das schon aus der Sicht *der* weiterbildungswilligen Ärzte, welche in einer nochmals verlängerten Zeit die Anerkennung als Gebietsarzt schließlich doch noch erreichen würden. Es gilt aber auch und erst recht für die weiterbildungswilligen Ärzte, welche an der beschriebenen Numerus-clausus-Wirkung scheitern, keinen Weiterbildungsplatz finden und also objektiv gehindert sind, die Gebietsarztanerkennung zu erreichen. Wie schon dargestellt wurde (S. 47), kommt die Ausbildung zum Gebietsarzt einer Berufswahlentscheidung jedenfalls nahe, wenn es sich nicht ohnehin um eine „echte“ Entscheidung zur Berufswahl handelt.

Dazu BVerfGE 33, 125 (161).

Also kommt die Numerus-clausus-Wirkung im Sinne der Dreistufentheorie einer *objektiven* Zulassungsbedingung als Einschränkung der Berufs*wahl* jedenfalls *nahe*.

Zur Einordnung des Numerus clausus für das Medizin*studium* als objektive Zulassungsvoraussetzung im Rahmen der Berufswahl s. BVerfGE 33, 303 (337f.); entsprechend für die Kapazitätsengpässe beim „Arzt im Praktikum“ Riedel/Ewert, Verfassungsrechtliche Aspekte der Verlängerung der ärztlichen Ausbildung, NJW 1989, 745 (747).

Nach der Dreistufentheorie müßten „nachweisbare oder höchstwahrscheinliche schwere Gefahren für ein überragend wichtiges Gemeinschaftsgut“ abzuwehren sein, um eine Ausnutzung der Bandbreite für die Mindestuntersuchungszahlen legitimieren zu können. Eine solche nachweisbare schwere Gefahr ist nicht ersichtlich. Von unten her gesehen beginnt die Bandbreite sachlich „richtiger“ Mindestuntersuchungszahlen bei der Zahl, bei welcher den Belangen des Gesundheitsschutzes schon Rechnung getragen *wird. Sie* zu *überschreiten*, ist nicht mehr zur Abwehr „schwerer Gefahren“ *erforderlich*.

IV. Herausnahme der Endoskopie aus der Regelweiterbildung als Ausweg?

1. Der Lösungsansatz

Die Untersuchungsmethoden, für welche nach den Vorstellungen des Vorstandes der Bundesärztekammer Mindestuntersuchungszahlen vorgeschrieben werden sollen, sind nur *ein* Bestandteil unter einer Unzahl weiterer Bestandteile des Weiterbildungsprogramms für die Innere Medizin. Nur dieser *eine* Aspekt führt dazu, daß sich die Weiterbildungszeit insgesamt verlängert und die beschriebene Numerus-clausus-Wirkung eintritt. Gleichzeitig tritt – überspitzt formuliert – in allen anderen Aspekten des Weiterbildungsprogramms überflüssiger Leerlauf ein. Das legt den Gedanken nahe, die Erfüllung von Mindestzahlen aus dem Programm der Regelweiterbildung herauszunehmen und eigenständig zu ordnen. Wohl ganz auf dieser Linie heißt es im bereits zitierten Schreiben des Präsidenten der Bundesärztekammer an die Gesellschaft für Innere Medizin vom 26. 4. 1988:

„..., so müßte ernsthaft erwogen werden, die vor allem strittige Endoskopie aus der Regelweiterbildung herauszunehmen und dafür Sonderanforderungen festzulegen. Dies würde bedeuten, daß die Urkunde, welche den Arzt berechtigt, die Gebietsbezeichnung „Internist" zu führen, die Berechtigung zur Durchführung endoskopischer Untersuchungen – jedenfalls gegenüber den kassenärztlichen Vereinigungen – nicht mehr automatisch beinhalten würde. Es müßte eine ergänzende Prüfung verlangt und dann eine ergänzende Bescheinigung ausgestellt werden."

Nach diesem Lösungsvorschlag sollen die fraglichen Untersuchungen im *Gebiet* der Inneren Medizin belassen werden. Man meint nur, sich die bereits früher (S. 12f.) skizzierte rechtliche Situation zunutze machen zu können, nach welcher die Materien der *Weiterbildung* nicht den *gesamten* Umfang des Gebietes abzudecken brauchen und abdecken können.

Die „Bescheinigung", durch welche die Endoskopie abgedeckt werden soll, mag ihre Parallele in den Bescheinigungen finden, welche die neuen Richtlinien über den Inhalt der Weiterbildung in der Anmerkung zum Gebiet „Frauenheilkunde und Geburtshilfe" nennen. Diese Anmerkung lautet:

1. Wer während der Gebietsweiterbildung in der Frauenheilkunde und Geburtshilfe die Auswertung der Exfoliativzytologie an mindestens 6000 Präparaten nachweisen kann, erhält eine gesonderte Bescheinigung über eingehende Kenntnisse und Erfahrungen.
Wer während der Gebietsweiterbildung in der Frauenheilkunde und Geburtshilfe darüber hinaus zusätzlich die Auswertung von Aspirations- und Punktatzytologie an mindestens 600 Präparaten nachweisen kann, erhält eine gesonderte Bescheinigung über eingehende Kenntnisse und Erfahrungen.

2. Wer während der Gebietsweiterbildung in Frauenheilkunde und Geburtshilfe zusätzlich die Sonographie und Thermographie der Mamma an jeweils mindestens 200 Patientinnen nachweisen kann, erhält darüber eine gesonderte Bescheinigung über eingehende Kenntnisse und Erfahrungen.

Allerdings beträfe die Absonderung der Endoskopie – anders als die bereits früher erwähnte Absonderung von speziellen Untersuchungsmethoden der Laboratoriumsmedizin aus dem Gebiet der Laboratoriumsmedizin und auch wohl anders als die Absonderung der soeben erwähnten Untersuchungsmethoden in der Frauenheilkunde – nicht ausgesprochene Spezialfähigkeiten innerhalb des Faches oder die Peripherie des Faches, sondern das aktuelle *Standard*programm der Inneren Medizin. Und hier liegen die Probleme. Wegen des Vorranges und Vorbehalts des Gesetzes fehlt dem Satzungsgeber die Kompetenz für eine *solche* Herausnahme (nachfolgend 2.). Außerdem stieße die Herausnahme von Art. 12 I GG her ihrerseits auf materiellrechtliche Grenzen (nachfolgend 3.).

2. Herausnahme, Vorrang und Vorbehalt des Parlamentsgesetzes

a) Gesetzesvorrang

Früher (S. 13) wurde begründet, daß es bereits die Heilberufsgesetze/Kammergesetze/Ärztekammergesetze der Länder und nicht erst die Weiterbildungsordnungen der Kammern sind, welche die Weiterbildung auf das *Standard*programm des Gebiets erstrecken. Würde der Satzungsgeber die Endoskopie aus der Regelweiterbildung für das Gebiet der Inneren Medizin herausnehmen, verstieße er gegen diese *gesetzliche* Festlegung. Die Herausnahme wäre kompetenzrechtlich gesehen nur über eine Gesetzesänderung möglich.

b) Parlamentsvorbehalt

Aber selbst wenn die Heilberufsgesetze/Kammergesetze/Ärztekammergesetze keine Festlegungen zum Standardprogramm enthielten, wäre immer noch der Parlaments*vorbehalt* des „Facharztbeschlusses" einschlägig. Denn: Die Herausnahme der Endoskopie als Standardprogramm internistischer Tätigkeit aus der Regelweiterbildung wäre ein intensiver Eingriff in die Berufsfreiheit.
Hat man allein Art. 12 I GG im Auge, wäre es denkbar, daß das Weiterbildungsrecht für die Anerkennung als Gebietsarzt zwar den Nachweis besonderer Kenntnisse im Standardbereich des Gebietes verlangte, es aber *voll* der Initiative des Bewerbers überließe, wann, wo und wie er sich diese Kenntnisse verschaffte. Art. 12 I GG verlangt nicht, daß das Recht den Gang der Weiterbildung im einzelnen regelt.
Nach dem geltenden Weiterbildungsrecht ist die Ausgangssituation aber anders. Der Gang der Weiterbildung *ist* detailliert geregelt. Zusätzlich zu der langen Zeit bis zur Approbation muß ein Arzt mindestens weitere 6 Jahre seiner beruflichen Tätigkeit „opfern", um die Weiterbildung für das Gebiet der Inneren Medizin zu durchlaufen. Die Weiterbildung muß ganztägig und in hauptberuflicher Stellung erfolgen; eine Halbtagstätigkeit ist nur in engem Rahmen möglich (§ 35 IV, V NHKG). Dabei muß der Arzt mindestens 4 Jahre im Stationsdienst tätig sein (Anlage I Nr. 10 zur Musterweiterbildungsordnung). Eine eigene Praxis darf er nebenbei nicht betreiben (§ 35 VI NHKG). Die Weiterbildung kann nur unter verantwortlicher Leitung eines speziell ermächtigten Kammerangehörigen erfolgen; sie ist nur in Einrichtungen der Hochschulen oder in *zugelassenen* Weiterbildungsstätten möglich (§ 36 NHKG). Zeiten in einer Weiterbildungsstätte unter 6 Monaten sind nicht möglich (§ 35 IV NHKG). Zusätzlich zur zeitlichen Perspektive ist dieser „Zwang" ein eigenständiger Eingriff in die Berufsfreiheit des Arztes für die Zeit, in welcher er seine berufliche Tätigkeit in der Form der Weiterbildung wahrnimmt. Das gilt um so mehr, als sich der Arzt dem Zwang nicht entziehen kann, wenn er als Berufsziel eine ärztliche Berufstätigkeit ausüben möchte, welche der Spezialisierung in der neuzeitlichen Medizin entspricht.
Wie intensiv die zeitliche Perspektive und die beschriebenen Regelungen zur Weiterbildung in die Berufsfreiheit eingreifen, hängt mit davon ab, welche berufliche und persönliche Qualifikation der Arzt durch die Weiterbildung erreicht. Verschafft ihm die Weiterbildung die persönliche Qualifikation, mit den in der Weiterbildung

erworbenen Kenntnissen und Erfahrungen den gesamten Standardbereich der gebietsärztlichen Tätigkeit nicht nur rechtlich, sondern auch *tatsächlich* wahrnehmen zu können, liegt gleichwohl ein intensiver Grundrechtseingriff darin, daß der Arzt mindestens 6 Jahre seines beruflichen Lebens für die Weiterbildung opfern muß, während dieser Zeit nebenbei keine eigene Praxis betreiben darf und weitere Einschränkungen auf sich zu nehmen hat. Bei der *Herausnahme* der Endoskopie aus der Regelweiterbildung müßte der Arzt die mindestens 6 Jahre der Weiterbildung und außerdem all die beschriebenen Erschwernisse auf sich nehmen, *ohne* eine hinreichend umfassende persönliche Qualifikation zu erreichen, um das *Standard*programm der Inneren Medizin in *vollem* Umfang als Gebietsarzt wahrnehmen zu können. Darin liegt ein intensiver *zusätzlicher* Eingriff in Art. 12 I GG. Er wiegt um so schwerer, als die Kapazitätsengpässe auch bei einer Herausnahme der Endoskopie aus der Regelweiterbildung bestehen bleiben und es daher – wegen der Numerus-clausus-Wirkung – einem Teil der Gebietsärzte nicht möglich ist, selbst im *Anschluß* an die 6 Jahre Weiterbildung die Zusatzbescheinigung „Endoskopie“ noch zu erwerben.
Wenn die Herausnahme von Untersuchungsmethoden des internistischen Standardprogramms aus der Regelweiterbildung materiellrechtlich gesehen möglich sein sollte (s. dazu nachfolgenden Abschn. 3), kann sie nach den Grundsätzen des Facharztbeschlusses wegen des Parlamentsvorbehaltes *jedenfalls* nur auf der Grundlage einer Entscheidung des staatlichen Gesetzgebers möglich sein. Eine derartige gesetzgeberische Entscheidung ist nicht ersichtlich.

c) Zusammenfassung

Damit bleibt festzuhalten: Bereits in den früheren Ausführungen hatte sich ergeben, daß die Verlängerung der Weiterbildung und ihre Numerus-clausus-Wirkung wegen des Parlamentsvorbehaltes – wenn materiellrechtlich gesehen möglich – nur kraft parlamentsgesetzlicher Ermächtigung erfolgen kann, diese aber fehlt. Durch Herausnahme der Endoskopie aus der Regelweiterbildung käme man insoweit am Parlamentsvorbehalt vorbei, weil eine Verlängerung der Weiterbildung als solche nicht einträte. Wie sich soeben ergeben hat, ist dieser Ausweg aber nicht möglich, weil er seinerseits am Vorrang des Gesetzes und am Parlamentsvorbehalt scheitern müßte.

3. Herausnahme und materieller Grundrechtsschutz

Auch materiellrechtlich gesehen führt die beschriebene Intensität des Grundrechtseingriffs dazu, daß die „Grenze der Zumutbarkeit“ überschritten würde, wenn die Endoskopie aus der Regelweiterbildung herausgenommen würde. Das gilt *jedenfalls*, wenn die Herausnahme erfolgt, ohne daß sich im Abgehen vom Status quo die Notwendigkeit von Mindestuntersuchungszahlen belegen läßt, oder wenn die Herausnahme dazu benutzt wird, um die beschriebene Bandbreite fachlich „richtiger“ Mindestuntersuchungszahlen in der Tendenz nach oben hin auszunutzen. Materiellrechtlich gesehen könnte die Herausnahme allenfalls dann zulässig sein, wenn sich die Notwendigkeit von Mindestuntersuchungszahlen belegen ließe und wenn selbst Mindestuntersuchungszahlen, welche an der untersten Grenze der beschriebenen

Bandbreite festgesetzt würden, bei einem Verbleiben der Endoskopie *in* der Regelweiterbildung zu einer Verlängerung der Weiterbildungszeiten führen müßten. Gegenüber einer Verlängerung der *gesamten* Weiterbildung und gegenüber ihrer zusätzlichen eintretenden Numerus-clausus-Wirkung wäre es (nur) bei *dieser* Prämisse das „kleinere Übel", wenn man nur den eigentlichen Störfaktor, die Endoskopie, beseitigte und in der skizzierten Weise verselbständigte. Aber selbst so wäre die Verselbständigung nach dem Gesagten deshalb unmöglich, weil es an der erforderlichen parlamentsgesetzlichen Enscheidung fehlt.

Zusammenfassung in Thesen

I. Nach den bisherigen Gepflogenheiten werden die vom Vorstand der Bundesärztekammer verabschiedeten „Richtlinien über den Inhalt der Weiterbildung“ durch die *Vorstände* der Ärztekammern in Kammerrecht transformiert. Die nunmehr in den Richtlinien enthaltenen Mindestuntersuchungszahlen darf der Vorstand einer Ärztekammer nicht in „seine“ Richtlinien über den Inhalt der Weiterbildung aufnehmen. Schon unabhängig von allen sonstigen rechtlichen Sperren (dazu nachfolgend II.) fehlt dem Vorstand hierfür in der kompetenzrechtlichen Abgrenzung zur Kammerversammlung/Vertreterversammlung als Satzungsgeber die Kompetenz.

1. Mindestuntersuchungszahlen in Vorstandsrichtlinien wären für die zur Weiterbildung ermächtigten Ärzte und für die mit dem Anerkennungsverfahren betrauten Verwaltungsstellen der Kammer, auch für den Prüfungsausschuß, rechtlich verbindlich. Diese rechtliche Verbindlichkeit würde gegenüber den weiterzubildenden Ärzten zwar fehlen. Für die Weiterzubildenden würden die Mindestuntersuchungszahlen aber faktische Wirkungen gleicher Intensität entfalten.

2. Diese faktische Wirkung darf der Vorstand einer Ärztekammer schon nicht herbeiführen, weil sie Regelungen *widersprechen* würde, welche der Satzungsgeber der Kammer in der (Muster)weiterbildungsordnung getroffen hat (Satzungs*vorrang*). Nach der (Muster)weiterbildungsordnung werden der Erwerb und der Nachweis „eingehender Kenntnisse und Erfahrungen in den einschlägigen Untersuchungsmethoden“ *individuell* beurteilt, einerseits nach den individuellen Fertigkeiten und Fähigkeiten des Weiterzubildenden, andererseits nach der individuellen Sicht des weiterbildenden Arztes und (später) des Prüfungsausschusses zu den individuellen Fertigkeiten und Fähigkeiten des Weiterzubildenden. Mit der Einführung von Mindestuntersuchungszahlen wird dieses System individueller Beurteilungen durch einen generellen Durchschnittsmaßstab mit zahlenmäßiger Subsumtion, durch ein Subsumtionssystem, ersetzt. Weil das bisherige System durch die (Muster)weiterbildungsordnung festgeschrieben ist, kann das neue System – wenn überhaupt – nur durch Änderung der (Muster)weiterbildungsordnung, nicht aber durch Vorstandsrichtlinien eingeführt werden.
Entsprechendes gilt, weil sich die Weiterbildungszeiten verlängern würden. In der (Muster)weiterbildungsordnung ist für die Innere Medizin eine Mindestweiterbildungszeit von 6 Jahren festgeschrieben. Das Weiterbildungsprogramm muß so angelegt sein, daß es im „Normalfall“ in der Mindestweiterbildungszeit absolviert werden kann. Verlangen die Mindestuntersuchungszahlen einen längeren Weiterbildungszeitraum, dürfen sie erst eingeführt werden, nachdem die Mindestweiterbildungszeit – wenn das überhaupt geht – verlängert worden ist.

3. So oder so gilt für den „Inhalt der Weiterbildung" und für die „Dauer der Weiterbildung" aus einfachgesetzlichen und verfassungsrechtlichen Gründen auch ein Satzungs*vorbehalt*. Selbst wenn sich der Satzungsgeber nicht bereits gegenteilig entschieden hätte (soeben 2.), dürfte der Vorstand der Ärztekammer Mindestuntersuchungszahlen nicht mit faktischer Wirkung für die weiterzubildenden Ärzte einführen. Der Satzungsvorbehalt gebietet, daß die Mindestuntersuchungszahlen und die Dauer der Weiterbildung mit *rechtlicher* Verbindlichkeit gegenüber den Weiterzubildenden durch *Satzung* (Weiterbildungsordnung) festgelegt werden. Das gleiche Ergebnis „auf kaltem Wege" über faktische Wirkungen zu Lasten der Weiterzubildenden herbeizuführen, ist dem Vorstand der Ärztekammer wegen des Satzungsvorbehalts untersagt.

II. Aber auch der Satzungsgeber dürfte keine Mindestuntersuchungszahlen einführen.

1. *Gegenwärtig* wäre der Satzungsgeber von vornherein an einer Regelung gehindert, weil ihm jede Entscheidungsgrundlage für die eigenverantwortliche und rationale Entscheidung darüber fehlt, ob das Abgehen vom bisherigen System individueller Beurteilungen sachlich notwendig ist, in welcher konkreten Höhe Mindestuntersuchungszahlen anzusetzen wären, wie weitgehend sich die Weiterbildungszeiten verlängern würden und ob diese Verlängerung trotz ihrer intensiven Grundrechtsrelevanz (s. dazu nachfolgend 2.) in Kauf genommen werden soll. Insbesondere kann der Satzungsgeber auch nicht auf Vorarbeiten der Bundesärztekammer zurückgreifen. Denn für ihn ist nicht sichtbar, daß, wie und mit welchen Ergebnissen die Bundesärztekammer Daten für die erforderlichen Diagnosen und Prognosen zu den tatsächlichen Verhältnissen ermittelt hat und ob sie ihre Vorschläge in Kenntnis der Grundrechtsproblematik erarbeitet hat.

2. Abgesehen davon wäre der Satzungsgeber aber auch *absolut* gehindert, die Mindestuntersuchungszahlen einzuführen, wenn sie eine nennenswerte Verlängerung der Zeit bis zur Anerkennung als Gebietsarzt im Gefolge haben würden. Denn diese Verlängerung wäre ein besonders intensiver Eingriff in die Berufsfreiheit: In den Weiterbildungsstätten fallen nicht so viele medizinisch indizierte Untersuchungen mit den einschlägigen Untersuchungsmethoden an, daß jeder Weiterzubildende in der Mindestweiterbildungszeit von 6 Jahren die geforderte Zahl von Untersuchungen durchführen kann. Damit geht notwendig die Kapazität an Weiterbildungsplätzen zurück. Das gilt nicht nur, wenn die Weiterbildungsstätten die Zahl der Weiterbildungsplätze *direkt* reduzieren, um auf diesen Plätzen nach wie vor die Weiterbildung in 6 Jahren zu ermöglichen. Es gilt auch, wenn die Zahl der bisherigen Weiterbildungsplätze erhalten bleibt. Denn diese Plätze bleiben länger besetzt; auch auf diesen Plätzen können also nur noch weniger Weiterbildungswillige ausgebildet werden. Angesichts der Tatsache, daß die ärztliche Ausbildung bis zur Erreichung des Berufszieles „Gebietsarzt für Innere Medizin" bereits heute mindestens 14 Jahre dauert, liegt in der Verlängerung der Weiterbildungszeit ein besonders intensiver Eingriff in die Berufsfreiheit schon für diejenigen Ärzte, welche einen Weiterbildungsplatz finden. Die Reduzierung der Kapazitäten hat aber auch eine Numerus-clausus-Wirkung. Weil die Kapazitäten zurückgehen, findet ein Teil der Ärzte, welche eine Weiterbildung im Fach „Innere Medizin" anstreben, keinen Weiterbildungsplatz. Für diese Ärzte schlägt die subjektive Anforderung an die Weiterbildung (Mindestunter-

suchungszahlen) in eine objektive Sperre für das Erreichen des Berufszieles „Gebietsarzt der Inneren Medizin" um.

3. Nach den Grundsätzen des Facharztbeschlusses des Bundesverfassungsgerichts führt die Intensität des Grundrechtseingriffs dazu, daß der „Parlamentsvorbehalt" einschlägig wird. Mindestuntersuchungszahlen, die zu den beschriebenen Kapazitätsengpässen führen, darf der Satzungsgeber der Ärztekammer in die Weiterbildungsordnung nur aufnehmen, wenn die Heilberufsgesetze/Kammergesetze/Ärztekammergesetze der Länder ihn hierzu spezifisch ermächtigen. Eine entsprechende Ermächtigung für eine Verlängerung der Weiterbildungszeit über 6 Jahre hinaus und für das Hervorrufen einer Numerus-clausus-Wirkung ist in den Ländergesetzen nicht enthalten, insbesondere auch nicht in der Gesetzesbestimmung zu sehen, die Weiterbildung in den Gebieten dürfe 3 Jahre nicht unterschreiten.

4. Wegen der Intensität des Eingriffs in die Berufsfreiheit mit seiner Numerus-clausus-Wirkung sind materiellrechtlich gesehen vor dem Grundsatz der Verhältnismäßigkeit/Proportionalität an die Festlegung von Mindestuntersuchungszahlen allerhöchste Anforderungen zu stellen. Solange sich nicht durch Daten belegen läßt, daß das bisherige System individueller Beurteilungen zu Mißständen führt, dürfen Kapazitätsreduzierungen durch die Einführung von Mindestuntersuchungszahlen von vornherein nicht in Kauf genommen werden. Sonst gebietet der Grundsatz der Verhältnismäßigkeit *jedenfalls,* daß Mindestuntersuchungszahlen nur an der unteren Grenze des von der Weiterbildung her „Erforderlichen" festgesetzt werden dürften und eine vorhandene Bandbreite sinnvoller Mindestuntersuchungszahlen in ihrer Höhe nicht nach oben hin „ausgereizt" werden könnte.

5. Eine schlichte Herausnahme der Endoskopie aus der Regelweiterbildung wäre kein verfassungsrechtlich zulässiges Mittel, um dem Parlamentsvorbehalt (soeben 3.) oder dem Grundsatz der Verhältnismäßigkeit (soeben 4.) zu „entkommen".
Die Endoskopie gehört zum Standardprogramm internistischer Tätigkeit. Nach den Heilberufsgesetzen/Kammergesetzen/Ärztekammergesetzen der Länder muß sie daher Gegenstand der Regelweiterbildung sein (Gesetzesvorrang). Deshalb könnte die Endoskopie von vornherein nur über eine Gesetzesänderung aus der Regelweiterbildung herausgenommen und verselbständigt werden. Zum gleichen Ergebnis führen die Grundsätze des „Facharztbeschlusses" zum Parlamentsvorbehalt. Denn die Herausnahme der Endoskopie aus der Regelweiterbildung wäre ihrerseits ein intensiver Eingriff in die Berufsfreiheit.
Wegen dieser Intensität des Grundrechtseingriffs könnte die Herausnahme der Endoskopie nach dem Grundsatz der Verhältnismäßigkeit (Proportionalität) materiellrechtlich gesehen nicht dazu dienen, fehlende Daten zur Notwendigkeit der Systemänderung zu überspielen oder die angedeutete Bandbreite von Mindestuntersuchungszahlen nach oben hin auszureizen. Materiellrechtlich gesehen käme eine Herausnahme der Endoskopie aus der Regelweiterbildung als „milderes Mittel" nur in Betracht, wenn sich die Notwendigkeit von Mindestuntersuchungszahlen belegen ließe *und* selbst die Festsetzung der Mindestuntersuchungszahlen an der untersten Grenze des Notwendigen eine Verlängerung der Weiterbildungszeit insgesamt und die beschriebene Numerus-clausus-Wirkung für die Weiterbildung im Gefolge haben würde. *Nur dann* wäre die Herausnahme der Endoskopie materiellrechtlich legitimiert.

Denn über sie könnte die Mindestweiterbildungszeit von 6 Jahren in allen sonstigen Aspekten der Weiterbildung erhalten bleiben. (Die Anforderungen des Parlamentsvorbehalts blieben aber auch jetzt bestehen.)

GPSR Compliance

The European Union's (EU) General Product Safety Regulation (GPSR) is a set of rules that requires consumer products to be safe and our obligations to ensure this.

If you have any concerns about our products, you can contact us on ProductSafety@springernature.com

In case Publisher is established outside the EU, the EU authorized representative is:

Springer Nature Customer Service Center GmbH
Europaplatz 3
69115 Heidelberg, Germany

Batch number: 10844827

Printed by Printforce, the Netherlands